Julius Fejfalik

Über die Königinhofer Handschrift

Julius Fejfalik

Über die Königinhofer Handschrift

ISBN/EAN: 9783743635647

Hergestellt in Europa, USA, Kanada, Australien, Japan

Cover: Foto ©ninafisch / pixelio.de

Weitere Bücher finden Sie auf **www.hansebooks.com**

Mann und Weib

ein Beytrag

zur

Philosophie über die Geschlechter

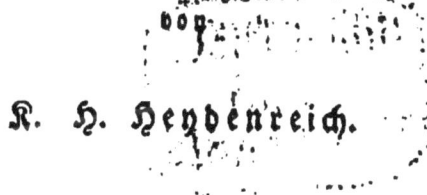

von

K. H. Heydenreich.

Leipzig,
bei Gottfried Martini.
1798.

Meinem Freunde

Karl Gottlob Schelle

gewidmet.

Gegenwärtiger Versuch ist eine weiter Ausführung eines Auffatzes, welchen ich vor wenigen Jahren in das erste Bänd chen des Zuschauers im häuslichen Leben einrückte. Mehrere würdige Män ner, welche philosophischen Geist, Ge schmack und Menschenliebe vereinigen munterten mich dazu auf, und fanden mich um so bereitwilliger, da das ge nannte Werk beynahe gar nicht in das Publikum gekommen ist, und öffentliche Urtheile erfahren mußte, welche nicht den Herausgeber, sondern die Recensenten beschämten. Mehrere einzelne Ideen, die ich hier nur beyläufig andeuten konnte, werde ich gelegentlich in besondern Abhandlungen entwickeln.

Unter denjenigen traurigen Thatsachen, welche sich dem Beobachter des Zeitalters aufbringen, ist gewiß diese eine der wichtigsten, daß das Interesse für das häusliche Leben unter der Jugend beyderley Geschlechts immer mehr abnimmt, und das Elend unter den Familien selbst immer mehr steigt. Mehrere menschenfreundliche Philosophen haben den Ursachen dieser Erscheinungen nachgeforscht, die gegen die fortschreitende Cultur des Geistes einen so befremdenden Contrast bilden. Ihre Bemühungen haben aber, so weit man den Einfluß derselben übersehen kann, wenig Erfolg gehabt. Mir scheint, sie haben größtentheils die

Sache zu einseitig betrachtet, und die physischen Ursachen davon zu ausschließend zu ihrem Augenmerke gemacht.

Es ist wahr, Ausschweifungen der Wollust und Entnervung in den frühern Jahren haben einen ungemein großen Antheil an der lasterhaften Stimmung unsrer Jugend gegen die Ehe, und an dem Wachsthume des Elends im häuslichen Leben selbst. Der Wollüstling*) bekommt unausbleiblich eine Abneigung gegen alle dauernde Verbindung, wird unglücklich, und macht unglücklich, wenn er sie eingeht.

---

*) Man würde diese Behauptung unwahr finden, wenn man sich unter einem Wollüstlinge jeden Menschen dächte, den Leidenschaft für das andre Geschlecht zuweilen zum bloß physischen Genusse hingerissen hat. Ein Wollüstling ist ein solcher, in dessen Seele es feste Maxime und bleibender Charakterzug ist, den Trieb und die Kraft des Geschlechts bloß als Mittel

Sein Geschlechtstrieb hat sich der Herrschaft der Vernunft entrissen, und ist von allen sittlichen Gefühlen getrennt; es ist nicht der Trieb eines Menschen, es ist der Trieb eines nicht einmahl immer klugen Thieres. Er geht bloß auf Kitzel und Lust hin; das andre Geschlecht ist für ihn nichts als ein Mittel des körperlichen Genusses, er gebraucht seine Individuen, so lange jedes ihm nach seinem Geschmacke, Mittel seyn kann, er verläßt sie, so bald sie für ihn keinen Reiz mehr haben. Kein Wunder, daß so entartete Wesen in einer dauernden Verbindung nichts als Sklaverey und immer wachsende Leiden sehen, und sich gegen die

der körperlichen Lust anzusehen. Selbst ein Ausschweifender braucht gerade kein Wollüstling zu seyn; er kann ungeachtet des wilden Feuers seiner Begierden, zugleich einer sehr edlen Liebe fähig seyn, während des Wollüstling alle Fähigkeit und alles Interesse für diese verloren hat, und für immer moralisch erstorben ist.

4

Natur zu verfündigen glauben würden, wenn sie je sie eingiengen. Kein Wunder, daß sie, wenn sie ja inconfequent genug find, um sie einzugehen, sich felbst, und der Unglücklichen, die ihr Opfer wird, mit jedem Tage neue Quaalen bereiten.

Allein, woher denn die ungeheure Schaar der jungen Wollüftlinge unfrer Zeit, woher die zahllofen unzeitigen Geburten von Männern, die schon in Jahren, wo ein fefter Charakter kaum möglich ift, Debauche und thierische Luft zu ihrem Syfteme gemacht haben? Woher die Taufende Meffalinen von fechszehn Jahren? — Hat die Natur den Grund zu diefem Verderbniffe gelegt? Hat fie den Geschlechtstrieb einer zügellofen Willkühr überlaffen, und ihn allein von der Herrschaft der moralischen Vernunft ausgenommen? Muß das Thier im Menschen feinen Sieg vollenden, ehe fich das Göttliche in ihm mit feiner ganzen Macht erhebt? —

Die Thatsache ist so wahr, so alltäglich und vor Augen liegend, daß ich gar nicht zweifle, es dünke Vielen, sie sey nicht wahr. Man ist daran gewöhnt, man übersieht mit einem geheimen Einverständnisse die schwarze Seite ihrer Unsittlichkeit:

Hanc veniam damus petimusque viciffim.

Vergieb mir, ich vergebe dir. — —

Es ist, ich erinnere es nochmals, nicht die Rede von Jünglingen und Mädchen, die sich etwa durch leidenschaftliche Fehltritte auf die Pfade der irrdischen Venus verirren, übrigens aber der edelsten und reinsten Geschlechtsgefühle fähig sind. *) Glücklich genug, wenn diese Verirrten

---

*) Oft wenn ich tugendsame, ehrbare Menschen über ein gefallenes Mädchen Gericht halten hörte, dachte ich: Seyd ihr reiner, als diese? Euer Gericht

noch die Pluralität wären. Aber sie sind es nicht
einmahl, die Menschheit ist tiefer gesunken, und
leider machen die Pluralität jene entschieden
Verdorbenen aus, für die alle Gemeinschaft
mit dem andern Geschlechte nur eine Quelle von
thierischer Lust ist, und die insofern weiter unter
den vernunftlosen Wesen stehen, als diese, indem
sie, dem Rufe der Natur zu Folge, ihren Trieb
zu befriedigen suchen, nicht so wohl nach Ver=

---

verbürgt es mir nicht. Vielleicht ist dem
Ganzen ihrer Triebe und Gefühle nach,
jene Verworfne tugendhafter als ihr;
vielleicht thut ihr das, was Jene über=
rascht von der Leidenschaft einmahl that,
in euerm Innern nach der Tagesordnung
und systematisch. Aber für die meisten Menschen
ist dieß eine Ketzerey zur Begünstigung des Lasters; sie
haben keine Idee davon, daß diejenigen Laster,
welche die Welt nicht sieht, gewöhnlich die niedrigsten
und entehrendesten sind.

gnügen, als nach Befreyung von beunruhigenden Reizen streben, welche in den Bedürfnissen des Geschlechts ursprünglich gegründet sind. *)

Klage man die Natur wegen dieses Verderbens nicht an; sie hat es nicht gegründet, es ist Schuld der Menschen selbst.

Die Natur hat den Geschlechtstrieb jeder Thierart so eingerichtet, daß die Individuen, ge=

---

*) Ich setze dieses voraus, und glaube, daß es sich aus der Natur der vernunftlosen Thiere erweisen lasse. Die Natur erregt ihren Geschlechtstrieb durch einen Reiz, der an Schmerz grenzt, nicht durch Vorahndung von Lust. Dieß zeigt der Zorn, mit welchem gewisse Thiere, z. B. Kater, Hähne, Truthähne, das andre Geschlecht zur Gemeinschaft zu zwingen suchen, dieß sagt der klagende Gesang und das wilde Schreyen so mancher Vögel zur Zeit ihrer Brunst, selbst das melancholische Lied der Nachtigall. Besonders ist es beym Wildpret ganz evident, daß der Schmerz die physische Lust herbey führt,

leitet vom Instinkte, ihr Geschlecht mit immer
gleicher Vollkommenheit fortsetzen, und bei den
dazu nöthigen Geschäften, alle Gefahren und Ver-
folgungen verachten. Die Tauben haben seit den
frühern Zeiten der Welt die Dauer ihres Geschlechts so bedacht, daß die Tauben zu Ana-
kreons Zeiten gewiß um nichts schöner waren, als
die jetzigen. Die Menschheit sollte auch
durch einen natürlichen Gebrauch des Geschlechtstriebes und die damit zusammenhängende Bildung und Erziehung der Kinder sich immer selbst-
gleich fortdauern. Ich sage, sich immer selbst-
gleich, und scheine damit denen zu widerspre-
chen, die eine fortschreitende Vervollkommnung
derselben als ihren Charakter annehmen. Allein
eben dieß behaupte ich auch, und drücke eben durch
jene Worte aus, sie solle mit ihrer Fortdauer
auch unablässig ihre Perfektibilität entwickeln.
Sie bleibt ihrem Wesen nur insofern treu und
ihr selbst gleich, als sie nie sinkt, nie still-

ſteht. Ich beziehe aber ihre Vervollkommnung nicht bloß auf Geiſt und Herz, ſondern auch auf den Körper, beſonders auf ſeine Harmonie mit jenen und den Ausdruck, den er von ihren Vollkommenheiten giebt.*)

---

*) Das Ideal des höchſt ſchönen männlichen und weiblichen Menſchen kann eben ſowohl nur durch eine unendliche Annäherung erſtrebt werden, als das Ideal der höchſten ſittlichen Güte. Man ſage nicht, daß die Geſchichte der Vorwelt dieſer Behauptung widerſpreche, berufe ſich nicht auf das Beyſpiel der Griechen oder der ſtarken Körper der Römer in den Zeiten der Republik und der Deutſchen in den Ritterzeiten. Wer will beweiſen, daß ſich die harmoniſche Zuſammenſtimmung der Körperkräfte mit Geiſt und Herz nicht vollkommner ausdrücken, ſittliche Güte ſich nicht achtungs- und liebenswürdiger darſtellen könne, als in den Bildungen der Griechen. Die Deklamationen mancher neuerer deutſchen Philoſophen über die ſchöne Griechheit geſtehe ich für phantaſtiſche Hirngeſpinnſte zu halten. Die Körper

So wie die Natur bey den Thieren die Fort=
dauer ihrer Geschlechter mit gleicher Vollkommen=
heit, in den Instinkten die Individuen vor=
bereitet hat, so überließ sie in Hinsicht der Mensch=
heit, die würdige Fortsetzung des Daseyns dieser
Gattung der Freyheit der Individuen.

Die Menschengattung sollte nach dem Plane
der Natur fortdauern, aber ihre Fortsetzung sollte
auch ganz mit der Hoheit ihrer Bestimmung har=

---

stärke der alten Römer und Deutschen beweißt nichts,
denn sie ist gar nicht einmahl wahre Vollkommenheit
des menschlichen Körpers. Für Zeiten der Rohheit, und
fortdauernder Nothwendigkeit kriegerischer Gegenwehr
mit Waffen, welche ungeheure Kräfte fordern, war sie
Bedürfniß, taugte aber auch zu weiter gar nichts, diente
vielmehr den geistigen und sittlichen Kräften zu einer
Last, die sie niederdrückte. Was hälfe in unsern Zeiten
wohl eine Nation, deren Individuen die Rüstungen
eines Berner Zeughauses tragen könnte.

moniren. Alles wurde der Freyheit überlassen, selbst das Daseyn der Gattung. Es ist
möglich, daß durch Mißbrauch des Geschlechtstriebes die ganze Gattung ausstirbt; es kann geschehen, wenn sämmtliche Personen beyder Geschlechter ihren Trieb unnatürlich befriedigen,
dann wird kein Mensch erzeugt, jene Ungeheuer
sind die letzte Generation.*) Es ist möglich,
daß durch den Schlaf aller sittlichen Gefühle in
den Seelen von Vätern und Müttern, die Menschheit gänzlich sinkt, und am Ende in Wesen aus-
artet, die den Charakter ihrer Gattung an Körper
und Seele verleugnen; es ist möglich, daß alle
Menschen auf vier Füßen gehen, für Vergangen-
heit und Zukunft gleichgültig sind, und keine Idee
von Pflicht und Recht haben. Dieß alles mußte

---

*) Die Unwahrscheinlichkeit hebt die Mög-
lichkeit nicht auf.

möglich seyn, weil die Menschen, als sittliche
Wesen sich durch die Bestimmung der Freyheit
auszeichnen sollten.

Ungeachtet indessen der Plan des Schöpfers
und die Ordnung der Welt dieß forderte, so wur=
den dennoch dem Menschen alle Grundlagen mit
überwiegender Stärke gegeben, durch welche er
geneigt wird sich für eine würdige Fortpflanzung
seiner Gattung zu interessiren, während diejeni=
gen, die ihn zur Unnatur und Niedrigkeit in sei=
nen Geschlechtsgefühlen reizen sollten, bey auch nur
mäßiger Bildung, nur schwach wirken.

Ich rede von Reizen zur Unnatur, welche ur=
sprünglich im Menschen liegen mußte. Der Mensch
kann in jeder Rücksicht unnatürlich seyn, während
das bloße Thier in allen Stücken natürlich seyn
muß. Unnatürlich seyn zu können, gehört zur
Natürlichkeit des Menschen, und seine größte sitt=
liche Vollkommenheit hebt die Möglichkeit der
Unnatur nicht auf. Er ist aber dann natürlich,

wenn er seine sämmtlichen Kräfte nach ihrer Rang=
ordnung unter der Herrschaft der Vernunft har=
monisch gebildet hat, und in aller Beziehung gesetz=
mäßig und mit Hinsicht auf seine Bestimmung
handelt. In seinen Geschlechtsgefühlen ist er
nicht etwa dann natürlich, wenn er sie mit
wilder Brunst zu befriedigen bestrebt ist, und sie
zu allen Zeiten auf gleiche Weise befriedigt,
wie es die vernunftlosen Thiere nur zu gewis=
sen Zeiten thun; er ist es dann, wenn er seinen
Geschlechtstrieb als Mittel einer der Mensch=
heit würdigen Fortpflanzung dieser Gattung
ansieht, ihm nur so Genüge leistet, daß sein
Zweck die Erzeugung von Menschen mit den voll=
kommensten Anlagen ist, und daß sich an das Be=
wußtseyn seiner selbst, als eines Erzeugers, das
Bewußtseyn aller Pflichten mit dem innigsten In=
teresse anschließt, die ihm als einem Erzeuger von
Menschen in Hinsicht ihrer Erhaltung, Erzie=
hung, Bildung und Beschützung obliegen.

Wer in seinen Geschlechtsgefühlen ein so natürlicher Mensch ist, für den ist grobe und wilde
umherschweifende Wollust unmöglich; er sucht seinen Trieb durch eine edle Verbindung mit einer
ihm gleichgesinnten Person, die eben so natürlich ist als er, in einem wohleingerichteten häuslichen Leben*) zu befriedigen. Und in diesem
Verhältniß handelt er durchaus, erfüllt vom Gedanken der Menschenwürde und mit Aufopferung
seines individuellen Interesse, jeder seiner Pflichten gemäß. Sein herrschender Zweck ist, daß die
Menschheit durch freye schöne Bildung der Geschlechter in Gesinnungen, Trieben und Gefühlen
so fortgepflanzt werde, daß sie geistig und körper-

---

*) Ich beziehe alles häusliche Leben auf Fortpflanzung
der Menschengattung. Eine Ehe, die dazu nichts beyträgt, ist bloß ein verunglückter Versuch, oder eine
Gesellschaft unter der bloßen Form der Ehe, worin man
auch nicht einmahl den Versuch beabsichtigte.

lich immer vollkommner werde, sich immer mehr
den Idealen schöner Seelen und schöner Körper
nähere. Er fühlt es, daß er durch den Geschlechts=
trieb mit der Nachwelt zusammenhängt, und daß
die kommenden Menschen ihn wegen des Ge=
brauchs, den er von ihm macht, zur Verant=
wortung zu ziehen berechtigt sind. Das Gefühl
dieses Bandes, welches ihn mit den folgenden
Generationen verbindet, erhöht seine Gewissen=
haftigkeit, und seinen Enthusiasm für die Pflich=
ten und Ehegatten der Eltern, daß er den rein=
sten und stärksten weltbürgerlichen Geist in allen
jenen wichtigen Verhältnissen seines Familien=
zirkels zeigt, in denen die Meisten nur mit
einem niedrigen Egoism handeln, und ihrem Be=
dürfnisse und ihrer Lust leben.

Ein solcher großer Mensch darf mit Stolz auf
die Welt der vernunftlosen Thiere blicken; er
wirkt durch Freyheit für die Erhaltung und Fort=
pflanzung seiner Gattung so zweckmäßig, wie jene

Thiere, in Allem vom Instinkte der Natur gelei-
tet für die Fortdauer der Ihrigen wirken. Die
Natur schien ihm zuzurufen: „Betrachte die
„Thierwelt, siehe, wie ihre Individuen durch
„Zeugung und Erhaltung ihrer Jungen ihre Gat-
„tungen fortpflanzen! Schäme dich nicht, auf
„einer einsamen Wiese die rege Gefälligkeit eines
„nistenden Vogelpaares zu beobachten, und sein
„Leben zu belauschen, bis die Kleinen den ersten
„Aufflug versuchen, und dem mütterlichen Neste
„entflattern! Wie sind mir diese Kinder so treu,
„wie arbeiten Männchen und Weibchen so sorgsam
„und fröhlich an deinem Werke, wie ist alles Ein-
„falt und Eintracht, und wie ist ihnen so wohl in
„ihren Nestern! Hier zielt alles auf meinen Zweck
„hin; kein Flügel hebt sich oder senkt sich vergebens,
„kein Schnabel öfnet sich umsonst und zur Unzeit,
„alles wirkt darauf hin, daß das Geschlecht fort-
„daure, und es der Welt nie an frischen muntern
„Vögeln fehle. — Du bist Mensch, thue für die

„Menschheit, was diese Thiere für ihre Gat=
„tungen thun! Thue es so, wie es die Hoheit
„deines Wesens fordert; ich habe die Mensch=
„heit an die Spitze der Wesen gestellt; tief un=
„ter ihr ist alles, was die Erde trägt; sie ist
„nicht bestimmt für Vernichtung im Grabe;
„ihre Laufbahn ist die Ewigkeit. Fühle das
„Große des Berufs, meine erste Gattung, deren
„Glied du selbst bist, fortzupflanzen; und bringe
„mir, als ein wahrhaft menschlicher Vater mit
„der freyen, freudigen Erfüllung deiner Pflich=
„ten, das schönste Opfer!" — Er verstand ih=
ren Ruf, und trotz der reizenden Lockungen des
Luxus und der Wollust war seine Wahl entschie=
den, und sein ganzes Herz der Menschheit ge=
weiht. —

Aber wo findet man solche große liebens=
würdige Menschen in der Sphäre unsers häus=
lichen Lebens? Muß man nicht, wenn man die
Thiere in den Handlungen zur Fortpflanzung

ihrer Gattung mit den Menschen vergleicht, ge=
stehen, daß diese unendlich weniger für sie wir=
ken, als jene? — Sehen wir die Menschen, wie
sie sich in ihren Häusern zusammenpaaren, Mann
und Weib und Kinder innerhalb ihrer vier
Pfähle leben, Wohl und Wehe, wie sie sagen,
mit einander theilen und feierlichst ihre soge=
nannten Pflichten erfüllen, da möchten wir fra=
gen: „Wer hat euch gedungen? wer zahlt euch
die sauern Arbeiten, die ihr unternehmt, ver=
gütet euch die Langeweile und den Zwang, den
ihr euch gegenseitig anthut?" Nach dem Strauche,
in welchem der Vogel nistet, können wir nicht
blicken, ohne mit stiller Bewunderung zu bemer=
ken, wie die Natur ihn leitet, für ihr unend=
liches Ganzes mitzuwirken, und eines ihrer Ge=
schlechter fortzusetzen, wie sie ihm jede Mühe,
die er in ihrem Dienste unternimmt, mit Muth
und Freude belohnt, und das, was strenge Noth=
wendigkeit für die Fortdauer ihres Reichs ist,

in ein leichtes heitres Spiel verwandelt. In
den Häusern der Menschen kann der Mann von
Gefühl lange verweilen, ehe er eine Scene fin=
det, die ihn ohne Wehmuth an die Menschheit
erinnert, lange verweilen, ehe er bemerkt, daß
die Paare, die sich da vereinigt haben, im
Dienste der Natur sind, und, wenn er nicht
Thor genug ist, ihre unwürdigen Vergnügungen,
oder die Spiele, womit sie ihre Langeweile be=
kämpfen, für wahre Freude zu nehmen, so kann
er auch lange verweilen, ehe sein Herz zum
Mitgefühle von Glückseligkeit gestimmt wird.
Wunderbare Gefühle dringen sich ihm in den
meisten Häusern der Menschen auf; es ist ihm,
als stehe er unter Wesen, welche die Bande ge=
brochen haben, die sie mit der Natur vereinig=
ten, unter Wesen, die die edlen Triebe, welche
die weise Mutter ihnen gab, aus ihrer natürli=
chen Richtung gerissen und ihrer Bestimmung
entzogen haben, und die nun, uneinig mit ih=

nen selbst, verarmt an Friede und Freude des
Herzens, ihren Frevel büßen müssen.

O gewiß, es ist ein Geist, der die Menschheit nicht ehrt, jener gewöhnliche Geist, womit
Gatten einander und Väter und Mütter ihren
Kindern und die Kinder den Aeltern, anhangen;
in allen Zügen kündigt er an, wie so fremd ih=
nen der wahre Zweck und die Heiligkeit der Ver=
bindung ist, in welcher sie stehen, wie unlauter
die Gesinnung, mit der sie zusammen leben
und wirken, wie verschlossen ihr Herz für die
reinen Freuden, die ihnen die Natur in ihrem
Bunde bereitet hat.

Viele Gatten sind einander treu, aber die
Treue der meisten hat keinen Werth, stammt
nicht von wahrer reiner Liebe her, ist ohne Sinn
für die Würde der Menschheit. Viele Väter
weinen an der Wiege des neugebohrnen Kindes
Freudenthränen; aber die Freudenthränen der

meisten haben nicht das Erhabene, das die
Thränen eines Menschen in diesem Falle haben
sollten. Viele jammern an dem Sarge ihres
Kindes, aber ihr Jammer gilt nur selten der
Menschheit. Und wenn einige Wenige das Ju=
belfest ihrer Ehe feiern, was ist's mehr, als ein
armseliger Triumph auf einen Augenblick über
die allgewaltige Zeit, die sie im nächsten Mo=
mente fortreißt, ihre Bande trennt, und ihre
Seelen leer von edlen Erinnerungen, die sie
schonen mußte, der Ewigkeit zuführt. — —

Sage man nicht, ich fodre eine Cultur des
Menschen im häuslichen Leben, welche bloß idea=
lisch sey; und sich in den Verhältnissen dieses
Lebens um so weniger realisiren lasse, da der
größte Theil der Menschen unter dem Drange
des Bedürfnisses und der Lasten vieler, zum Theil
niedriger Arbeiten schlechterdings unfähig sey,
sich zu ihr zu erheben. Dieser Einwurf würde

auf eine Verwechselung der Cultur selbst und
der Theorie der Cultur beruhen. Um einen
Menschen in Hinsicht seines Geschlechtstriebes natürlich, vernunftmäßig, und seiner Bestimmung
würdig zu bilden, bedarf es keiner gelehrten Un-
terweisung und keiner zeitkostenden Lektüre, sondern nur der sorgfältigen Wegräumung aller
Verführungen zur Unnatur, und der Ueberzeugung von der Würde des Menschen, sey er vom
männlichen oder vom weiblichen Geschlechte.
Diese können aber allenfalls die untersten Dorf-
lehrer gewähren, wenn es zweckmäßige Anstalten
giebt, um sie für ihre Zwecke zu bilden. Glaube
man nur, die Natur hat so sorgfältig für die
Entwickelung unserer edelsten Kräfte, im Betreff
des Geschlechtstriebes gesorgt, daß es für Erziehung und Unterricht ein leichtes Geschäft ist,
sie zu erreichen. Die Grundlagen dazu, welche
in den Individuen beyder Geschlechter befindlich
sind, wirken so leicht und einfach, daß der

über ihnen

Erzieher sie nur zu kennen und zu wachen braucht, um seine Individuen vor der Verderb= niß zu schützen. Er hat nicht nöthig, etwas von dem Seinen zu verwenden; er darf nur wek= ken, was in jedem Einzelnen liegt, und ge= wiß auch auf jeden treffenden Ruf erwacht. Die wirkliche Welt bestätigt dieß. Wie würde man= cher Mann von Stande, auf dessen Erziehung die ansehnlichsten Summen verwendet worden sind, vor manchem einfachen, dem Stande nach niedrigen Bürger bestehn? Manche Dame von den größten Air's vor mancher gemeinen Haus= frau? Manche Hochgelehrte vor einem höchstun= wissenden, aber höchst natürlichen Weibe aus dem Volke? — O gewiß bedeckt manches Hüt= tendach von Stroh bessere Gatten und Väter und Mütter, als der glänzende Schiefer aller Palais. Die Natur hat sich nicht unter den Schutz hochgebohrner Gouverneurs, tiefgelehrter Professoren und wortreicher Bücher begeben; sie

betrachtet diese Alle, als ihre Schuldner, die
kein reelles Vermögen besitzen, nur dasjenige,
welches von ihr herrührt. Auch hat sie sich
noch nicht herabgelassen, ihre Lieblingszöglinge
aus den höhern Ständen zu wählen, sie ist bis
jetzt niedrig genug gewesen, ihre Günstlinge in
den niedern zu suchen, und hier hat sie, sagt
man, treuere würdigere Gatten, edlere Väter
und sorgsamere Mütter gefunden, als in jenen.
Freylich besitzt der Mensch von gemeinem Stande
nicht die Theorie seiner Gefühle und seiner
Bestrebungen, aber lebend und wahrhaftig herr=
schen sie in seiner Seele. Während der Vor=
nehme (homo honoratior) lange Deklamationen
darüber hält, schämt jener sich seines empfin=
dungsvollen Stillschweigens. Mit einem Worte:
der Bürger und Landmann ist für jene große
Gesinnung des Menschen im häuslichen Leben
empfänglich, und wenn ihm eine zweckmäßige Er=
ziehung ward, so wird er von ihr ohne alle ge=

lehrte Disciplin durchdrungen, und der Druck
seiner Geschäfte und Nothwendigkeiten kann sie
ihm nicht entreißen. Sie begleitet den Schnit-
ter eben so treu, und noch treuer, als den best-
erzogensten Fürsten oder Weltweisen. —

Nichts bürgt uns so gewiß und zugleich so
empörend für das Verderben des Zeitalters, als
daß der Gedanke der Fortpflanzung des Menschengeschlechts, durch einen heiligen Trieb der
Natur, beynahe durchaus unter den Menschen nur
zum Spiele eines üppigen und frivolen Witzes
dient. Man spricht in Gesellschaften von Verhältnissen des Geschlechts, und alle Gesichter
verziehen sich zum Lachen. In der That ist dieses Lachen ein frevelhaftes Lachen; unter dem
Geräusche desselben (wir hören es nur zu oft in
unsern frühern Jahren, und wissen's nur zu bald
zu deuten) schleicht sich ein gefährlicher Leicht-
sinn in unsre Seelen ein, mit dem wir gewöhn-

lich über die große Sache des Geschlechts spielen,
und uns nicht selten an den Abgrund des Verderbens spielen. Der Grund jener Verkehrtheit,
etwas sehr Heiliges lächerlich zu finden, liegt oft
nur in jenem übermüthigen Hange, mit welchem
der Mensch über sich selbst hinausstrebt, und der
von Anbeginn einer der wichtigsten Quellen physischer und moralischer Uebel für die Menschheit
war. Wir wollen mehr seyn als Menschen, schämen uns wohl gar unsers Zusammenhangs mit
der Ordnung der Natur, und scherzen muthwil-
lig genug über Veranstaltung derselben, die wir
nie anders als mit Ernst betrachten sollten. Die
Strafe folgt uns auf dem Fuße, wir sinken in
dem Maaße, in welchem wir uns über uns selbst
erheben wollen, und während wir mit blindem
Stolze Natur und Menschheit unter uns wähnen,
stehen wir in der That, dem wahren Werthe nach,
unter den vernunftlosen Thieren. Ganz in diesem
Geiste einer übermüthigen Selbstvergessung, wa-

chen wir den Geschlechtstrieb zu einem Spiel=
werke für unsre spaßhafte Laune; der erhabne
Mensch, denken wir, kann doch wohl über die
kleinlichen Angelegenheiten seiner thierischen Na=
tur scherzen, und bemerken in dieser Berauschung
des Leichtsinns nicht, daß unser Trieb immer
mehr und mehr veruneldet wird, je mehr wir uns
jener Stimmung überlassen.

Nimmermehr würde Ausschweifung und frühe
Entnervung das Schicksal einer so zahllosen
Menge von Jünglingen seyn, wenn man sie früh=
zeitig gewöhnte, die Sache des Geschlechts mit
dem Geiste des Ernstes, und aus dem allein wür=
digen Gesichtspunkte zu betrachten, und ihnen
richtige Begriffe von der Bestimmung des Men=
schen zum häuslichen Leben und denen Pflichten
mittheilte, welche darin Statt finden. Nicht
bloß durch schmelzende Schilderungen der mit
dem häuslichen Leben verknüpften Freuden, müssen

Erzieher auf das Gefühl jugendlicher Herzen wirken; denn jedes Bild häuslicher Glückseligkeit
hat sein Gegenstück häuslichen Elends, und die
Gallerie aller Scenen des häuslichen Lebens der
Menschen, ist eine Vereinigung kontrastirender
Partieen, die denjenigen, welcher bloß nach Genuß strebt, leicht außer Fassung setzen kann. Die
Hinsicht auf Glückseligkeit muß auch hier Neben-
sache werden; Jünglinge und Mädchen müssen
die Größe und den Adel der Menschheit in dem,
durch die Natur festgesetzten Verhältnisse beyder
Geschlechter, bestimmt denken und tief und stark
empfinden; das häusliche Leben muß ihnen nicht
etwa als eine Wiege zu wollüstiger Ruhe erscheinen, sie müssen es als einen besondern Abschnitt
ihrer moralischen Laufbahn betrachten, als eine
Sphäre, wo in Beziehung auf die Fortpflanzung
der Menschengattung, ihnen eben so strenge
Pflichten obliegen, als in jedem andern Verhältnisse, wo sie eben so gut, wie in jedem Gebiete

des menschlichen Handelns, den Endzweck der gan=
zen moralischen Welt, mit edler und uneigennützi=
ger Gesinnung vor Augen haben, und ihr indivi=
duelles sinnliches Interesse dem Ganzen zum Opfer
bringen sollen, und so müssen sie, erfüllt von En=
thusiasm für die Erhabenheit ihrer Bestimmung,
eben so gefaßt auf Leiden, als offen für die Er=
wartung künftiger Freuden im häuslichen Leben
seyn.

Ich bin eben so weit entfernt, die Möglich=
keit häuslicher Glückseligkeit zu bezweifeln, als
diese selbst für geringfügig zu halten. Gewiß
können aus dem Verhältnisse eines Mannes zu
seinem Weibe, und beyder zu ihren Kindern die
süßesten Freuden entspringen, deren Menschen
fähig sind. Allein ich behaupte, daß die gewöhn=
lichen Gemählde davon, wodurch man die reifere
Jugend für immer gegen das Laster einzunehmen
denkt, ihren Zweck sehr selten erreichen, wenn die
Seelen nicht, auch ohne alle Hinsicht auf Lebens=

genuß, aus reiner Achtung für die Menschheit,
von Interesse für das häusliche Leben erfüllt sind.
Erfahrung kann jeden Jüngling und jedes Mäd=
chen lehren, daß das Glück der meisten Ehen
sehr zweydeutig ist, und daß sie, wenn sie nicht
Gefahr laufen wollen, sich zu täuschen, mehr auf
Verzichtleistung und Leiden, als auf Befriedi=
gung und ruhige Freuden rechnen müssen. Suchen
sie nun, irre geführt durch Lehre und Lektüre, in
der Ehe nichts als Genuß, so werden sie davon
abgeschreckt, indem die Aussichten darauf so un=
sicher sind. Betrachten sie das häusliche Leben
aus einem höhern und würdigern Gesichtspunkte,
fühlen sie, daß der Mensch sich in demselben auf
eine ganz eigenthümliche Weise groß und edel
zeigen kann, daß die Situation von Gatten, El=
tern und Kindern die interessantesten Gelegenhei=
ten darbietet, Tugenden zu entwickeln, die außer
dieser Sphäre gar nicht Statt finden, und daß
jener weltbürgerliche Geist, den Natur und Ver=

nunft von unserm Herzen fordern, sich am liebens=
würdigsten und rührendesten in diesen Verhältnis=
sen entwickelt; mit einem Worte, sehen sie Ehe
und häusliches Leben als Sache der Sittlichkeit,
und nicht bloß als Quelle der sinnlichen Lust an;
so werden sie gewiß mit Beschämung die Marimé
einer Ehelosigkeit aus Lurus, in sich auszutilgen
suchen, eine Marime, von welcher man nicht zu
viel sagt, wenn man sie unmenschlich nennt.

Viele unsrer Romauendichter haben Ge=
mählde häuslicher Glückseligkeit geliefert; allein
die Meisten davon haben der guten Sache mehr
geschadet als geholfen. Der Werth der Ehe und
des häuslichen Lebens, wenn Dichter für sie bloß
als Quellen — einer auch noch so verfeinerten
Glückseligkeit interessiren wollen, fällt gar sehr,
wenn man das Gemählde an die Originale in der
wirklichen Welt hält, oder das Ideal, welches
darin aufgestellt wird, mit unsrer unbedeutenden

Macht über die Naturkräfte vergleicht, von deren
Wirkungen aller Genuß und alle Mittel des Genusses abhängen. Wozu Compositionen, in denen
eine erhitzte und schwärmende Phantasie die so sehr
vereinzelten und zerstreuten Scenen zusammen-
drängt, die je Menschen im häuslichen Leben be-
glückt haben? Warum täuscht man uns durch
Trugbilder, da wir ohnehin unsre ganze Kraft
aufbieten müssen, wenn wir mit denen Situationen, in welche die wirkliche Welt uns versetzt,
zufrieden seyn sollten? Glaubt man, es gebe kein
anderes Mittel, unser Interesse für das häusliche Leben zu erregen, als bestechende Täuschun-
gen und schöne Lügen? — Allein jene Dichter
sind wohl sehr unschuldig. Sie haben dem Au-
genscheine nach, keine Idee von dem sittlich-
Interessanten des häuslichen Lebens. Sie betrachten den Eintritt in dasselbe als etwas will-
kührliches, welches von der Laune der Menschen
abhängt, bemerken nicht, daß die Stimme der

Natur und Vernunft den Menschen dazu auffor=
dern, daß seine edelsten Kräfte dadurch einen
Schwung erhalten, der in keinem andern Ver=
hältnisse gewonnen wird, daß der Eintritt in
das häusliche Leben ein wesentlicher Theil der
Bestimmung des Menschen in dieser Welt ist,
und daß diejenigen, welche ohne eine zwingende
Ursache, den ledigen Stand vorziehen, keine na=
türlichen Menschen sind, keine Menschen, in
deren Seelen sich die würdigsten Anlagen der
Menschheit entwickelt haben.

Ich wünsche sehr, daß es mir gelingen
möchte, durch gegenwärtige Schrift etwas zur
Verbreitung mehr richtiger und würdiger Be=
griffe über das häusliche Leben, und die Schäz=
zung desselben beyzutragen. Und da dieser
Wunsch nicht etwa Gleißnerey eines affectirten
Moralisten ist, so werde ich mich um so mehr
befleißigen, meine Grundsätze in einem ein=

fachen Räfonnement darzuftellen. Zu den philofophifchen Arabesten einiger fouverainen Geifter unfrer Zeit hat fich mein Gefchmack eben fo wenig als meine Vernunft erheben können. Ich bin mir auch deßhalb noch nicht Feind geworden.

II.

Väter und Mütter, Erzieher und Erzieherinnen mögen es verantworten, daß Jünglinge und Mädchen schon in den frühesten Jahren ihres Lebens vieles erfahren, was ihnen fremd seyn sollte, während sie von manchem, was sie wohl wissen und fühlen sollten, auch nicht eine Ahndung bekommen. Gewöhnlich weiß in unserm Zeitalter der reifere Knabe schon alle Geheimnisse der irrdischen Venus; er nähert sich der Mannheit, und die Gefühle der Würde und der Glückseligkeit des häuslichen Lebens sind ihm noch unempfunden. Schon am Morgen des Lebens lernt das Mädchen von der weltkundigen

Mutter alle Manieren der Koketterie, edler Geschlechtsempfindung wird sie vielleicht nie fähig. Darum, daß wahre Liebe eine so seltene Erscheinung, und daß sie, die achtungswürdigste von allen Leidenschaften, das Gelächter gemeiner (wenn auch noch so vornehmer) Menschen ist.

Wie viel Jünglinge mögen wohl wissen, was ein Weib, wie viel Mädchen, was ein Mann sey.

Sage niemand, dieß wüßten Jünglinge und Mädchen nur zu gut und oft viel zu früh. Er würde damit, nicht zu seiner Ehre, verrathen, daß er es selbst nicht weiß, und daß ihn der Vorwurf eines mißgeleiteten und verunedelten Geschlechtsgefühls im vollen Maaße trifft. — Was wissen denn gewöhnlich Mädchen vom Weibe, Jünglinge vom Manne! Gerade so viel, als dazu gehört, um in einem Naturalien-Kabinette, wo alle Thiere beysammen wären, bepde Geschlechter zu unterscheiden, oder in einer anatomischen Präparatensammlung den Muskel= mann nicht mit der Muskelfrau zu vermengen. Mit einem Worte, nur das Aeußere des Physischen beyder Geschlechter, nur das, was die Leidenschaft reizt, und zum Genusse ein= ladet.

Was ein Mann und was ein Weib sey, sagt uns der Anblick ihres Gliederbaues nicht, und es kann einer eine meisterhafte Akademie des Mannes und des Weibes zeichnen, ohne zu wissen, was der eine oder das andre eigentlich ist. Ihr wahrer Charakter liegt in ihrer Seele, in dem, was kein Auge sieht. Um nun aber dieses wahre Wesen beyder Geschlechter zu fas= sen, wird ein tieferer Blick in den Plan der Natur und die Kräfte des menschlichen Geistes erfordert, eine Vernunft, welche mit Wahrheit und Kraft, Zweck und Bestimmung der Wesen faßt, und eine Phantasie, die uns in das innere

Leben, Wirken und Leiden unsrer Mitwesen ver=
setzt. Praktische Welt= und Menschenkenntniß
wird hierbey nicht ausgeschloffen, aber, sind sie
wohl ohne jene Vernunft, und besonders ohne
diese Phantasie möglich?

Freylich stellt sich der Mann dem Weibe,
und das Weib sich dem Manne durch Gestalt,
Bewegung und Sprache dar, aber alle diese
Zeichen würden wenig verständlich seyn, wenn
nicht Einbildungskraft die Deutung gäbe; durch
sie verschmelzen in den schönen Momenten der
Sympathie Mann und Weib, und Weib und
Mann in ein einander; sie vermittelt es, daß
ihre Wesen sich identificiren, daß sie geistig Eins
sind, daß im Ich das Du, und im Du das
Ich liegt.

Es ist nichts geringes für den Mann, zu
wissen, was ein Weib ist, und nichts geringes
für ein Weib, zu wissen, was ein Mann ist.

Ich verstehe nämlich unter diesem Wissen eine
aus der Gewißheit vom Plane der Gottheit, in
Hinsicht beyder Geschlechter der Menschheit und
seinen eigenen eblern, das andre Geschlecht
betreffenden Bedürfnissen, entspringende innige
Ueberzeugung von den specifischen Erkenntnissen,
Ansichten, Begehrnissen und Gefühlen der Individuen des andern Geschlechts, eine Ueberzeugung, die bei natürlich gebildeten Menschen in
einem bloßen Gefühle besteht, bey verdorbenen
zuerst in deutliche Vorstellungen, dann auch in
Gefühl übergeht. Der Wollüstling kennt dieses
Wissen nicht, ihm ist ein Weib gerade so viel,
als eine Tasse Chocolade oder eine Flasche To-
kayer. Die Messaline ist im gleichen Falle,
Mann und Schooßhund gehen zu Paaren,
Mensch und Vieh sind nur Mittel für ihren
Luxus, und ihre Wollust. Der natürliche
Mensch begreift ihre Verrückung nicht, ihm ist
es ein Räthsel, wie dem Manne das Weib, und

dem Weibe der Mann so fremd seyn könne, und
wie es möglich sey, die edelsten und schönsten
Gefühle, deren die Menschheit fähig ist, gegen
eine so grobe Herabwürdigung der Geschlechter
auszutauschen.

Die wahre Liebe beruht im Allgemeinen auf
der gegenseitigen geschlechtlichen Sympathie von
Mann und Weib; diese ist eine Bedingung,
ohne welche sie gar nicht Statt finden kann.
Das Individuum des einen Geschlechts, muß,
bevor es sich hingiebt, überzeugt seyn, daß das
Individuum des andern mit seiner Natur innig
vertraut ist, und an seinen Ansichten, Bedürf=
nissen, Bestrebungen, Gefühlen und Geschmacken
Theil nehmen kann. Dann erst wirft es sich in
seine Arme.

Ein Mann, der nicht weiß, was ein Weib
ist, wird auch kein Weib lieben, so wenig als
ein Weib, die nicht weiß, was ein Mann ist,

einen Mann zu lieben fähig ist. Spricht das ganze Wesen eines Mannes zur Seele des Weibes, daß er ein Mann ist, sich aber auch ganz in die Seele des Weibes verseßen kann, dann mag er dem Weibe liebenswürdig werden, auf gleiche Weise das Weib dem Manne, wenn Alles an ihr es ausdrückt, daß sie Weib ist, zugleich aber auch fähig, sich in die Seele des Mannes zu fühlen.

Findet das Weib in dem Manne ein Wesen, welchem das Weib fremd ist, so geht sie kalt= sinnig vor dem entarteten Wesen vorüber, sie kann es nicht lieben, auch ist es nur ein halber Mann; und, trifft der Mann im Weibe keinen Sinn für Mannheit, keine Einbildungskraft für das Innere seiner Seele, so bleibt sein Herz in einer frostigen Ruhe, oder wenn ihn ein solches Geschöpf reizt, so nenne man seine Leidenschaft nur nicht Liebe.

Beyde Geschlechter suchen einander, aber sie
suchen einander nur, weil jedes von Beyden sich
in dem andern wiederzufinden glaubt. Und die=
ser Glaube ist ein sehr heiliger Glaube, die
Natur lehrt ihn selbst, nur weil Männer und
Weiber gewöhnlich der Natur untreu sind, fin=
den wir so viele, die aller Ahndung von ihm er=
mangeln. Würden Jünglinge und Mädchen so
erzogen, daß ihr Geschlechtstrieb und die darin
gegründeten Gefühle sich auf eine freye, aber
natürliche und der Menschheit würdige Weise
entwickelten; (s. S. 12 — u. folgg.) so würde
jener Glaube unter beyden Geschlechtern herr=
schen; die Forderung, auf welcher er beruht,
würde das Prinzip aller Beurtheilung männli=
cher und weiblicher Liebenswürdigkeit seyn; es
würde unmöglich seyn, daß Individuen verschie=
dener Geschlechter eine dauernde Verbindung
eingiengen, wenn einem derselben, die von der
Natur ihnen, der Anlage nach eingepflanzte Sym=

pathie fehlte. So erzogene Menſchen würden
den ſchnellſten und glücklichſten Takt‑beſitzen,
ihre gegenſeitigen Geſinnungen und Empfindun=
gen zu berechnen *), Blicke würden die Stelle der

---

*) Ich weiß nicht, welcher Franzöſiſche Dichter ge‑
ſagt hat:

> Il est des noeuds secrets, il est des sym-
> pathies,
> Où par un doux penchant les ames assorties
> Se cherchent l'une l'autre et aiment à
> s'attirer,
> Par ce je ne sais quoi, qu'on ne peut
> expliquer.

Es giebt geheime Bande, ſüße Sympathieen,
Die unſre Seelen zaubriſch an einander ziehen,
Sie ſuchen ſich und ſchmiegen ſich einander an,
Durch ein: Ich weiß nicht was, das man nur
fühlen kann.

Unfehlbar liegt in dieſer Strophe der Gedanke meines
eigen Textes.

Worte vertreten, wenn sich gleichgeschaffene, oder
doch mit einander harmonirende Seelen fänden,
Glaube an das Herz würde unter ihnen die
festesten Bande knüpfen.

Um diese Meynung nicht gewagt zu finden,
erinnre ich, daß von bloßer sinnlicher Geschlechts=
lust hier gar nicht die Rede ist, sondern von
jenem, durch die sittliche Vernunft durchaus ge=
leitetem Triebe, der in wahre Liebe übergeht.
Wollüstige Personen verschiedenen Geschlechts
erkennen einander auch, oft in einem Momente;
Folge von den Reizen der Gestalt, und dem
physiognomischen Ausdrucke der Wollust; dieß
führt bloß zu einem wilden Beyschlafe, der den
Menschen herabwürdigt, nicht zu einer edeln
und durch die Natur selbst geheiligten Neigung.
Personen hingegen, in welchen die Liebe herrscht,
lesen in ihren Gestalten das Einverständniß ihrer
Seelen über die würdigsten Grundsätze von dem

gegenseitigen Verhältnisse beyder Geschlechter,
mit besonderer Beziehung auf ihren individuellen
Charakter und ihre eigenthümlichen Stimmun-
gen. Wohin diese Vertrautheit mit einander
führe, werde ich in der Folge auseinander
setzen.

Hier darf ich noch beyläufig bemerken, daß
aus diesen Grundsätzen der Unterschied der Geschlechtsliebe in ihrer Reinheit, und der Wollust nach allen ihren niedrigen Genüssen erhellt.
Bey Liebenden verschmelzen das Ich und das
Du, keins braucht das andre zum Mittel; jedes lebt in dem andern mit, und lebt für das
Andre. Die Wollüstigen sehen entweder bloß
sich als Zweck an, die andre Person als Mittel,
oder sie finden es ihrer Rechnung gemäß, daß
jedes das andre bloß als Mittel, sich als Zweck
betrachtet; Sinnenlust ist die Triebfeder, welcher
sie eine fremde Persönlichkeit, oder die ihrige
selbst und eine fremde aufopfern.

Mögen Schriftsteller, ihren Schilderungen
von Scenen der Wollust ein noch so schönes Ge=
wand geben, sie erscheint dem feinern edlern
Menschen immer niedrig, und empört sein Ge=
fühl. Sollte er auch selbst zuweilen in Stunden
der Vergessenheit unterliegen; so wird er diese
Schwäche gewiß für eine der schlechtesten Seiten
seines Charakters halten, und sich durch Schaam
und Selbstverdammung dafür strafen. Daher
wirken auch die reizendesten Wollustsänger*) bey
Weitem nicht so verderblich auf jugendliche See=
len, als Viele denken, wenn nur Eltern und

---

*) Ein Wollustsänger ist ein Dichter, welcher
Schilderungen, Erzählungen, lyrische Gedichte u. vergl.
aufstellt, welche ein bloß grobphysisches Geschlechtsgefühl
desselben ankündigen und ein gleiches auch nur in den
Seelen der Leser erregen, übrigens nicht die mindesten
Züge von Veredelung jenes Gefühles athmen. Voß
hat sie nach Würden besungen.

Erzieher frühzeitig bedacht gewesen sind, ihrem sittlichen Gefühle Zartheit und Stärke zu geben. Sie werden dann solche Dichter bald aus den Händen legen, und sich schämen, eine genauere Vertrautheit mit ihnen einzugehen*).

---

*) Freylich, so wie unsre Erziehung betrieben und die Cultus des Geschlechtstriebes ganz vernachlässigt wird, werden Schriften dieser Art so bald als möglich Lieblingslektüre vieler Jünglinge und Mädchen. Sie lesen sie mit einer Art von Andacht in der Einsamkeit, ja manche besitzen, ehe noch ihre Reife vollendet ist, sehr vollständige Sammlungen davon.

Ich bemerke noch, wenn es erlaubt ist, meiner zu erwähnen, daß mir selbst wegen eines Gedichts in meiner Sammlung: Brautnachtgesang der harte Vorwurf gemacht worden ist, als verführe es zur Wollust und freyen Geschlechtslust. Dagegen protestire ich sehr, und berufe mich auf den Kontext, in welchem es augenscheinlich mit den beyden gleich vorhergehenden steht, und aus dem man wohl sieht, daß meine Absicht auf moralisch gute Wirkung

unter beyden Geschlechtern gieng. Sollte hierbey vielleicht
ein grosser oder kleiner Zeulenmacher, oder irgend ein
litterarischer Pasquillant witzig genug seyn, die Stelle
Horazens auf mich beziehen zu wollen:

— — — — Pulchra Laverna,*)
Da mihi fallere, da justum sanctumque videri,
Noctem peccatis et fraudibus obiice nubem

so würde mir eine andre Stelle desselben Dichters ein=
fallen:

Non ego ventosae plebis suffragia venor,
Impensis coenarum et tritae munere
vestis.
Non ego nobilium scriptorum auditor et
ultor
Grammaticas ambire tribus et pulpita dignor.
Hinc illae lacrimae.

Indessen hätte ich doch, um dieses Mißverständniß zu mei=
den, dieses Gedicht kassirt, und nicht einmehl vor zwölf

---

*) Schutzgöttin der Betrüger und Gauner.

Jahren, wo ich natürlich auch zwölf Jahre jünger war,
als jetzt, Herrn von Archenholz um dessen Einrückung in
die Litteratur und Völkerkunde ersucht: wenn ich nicht
erfahren hätte, daß auch in sehr entfernten Theilen
Deutschlands Abschriften davon herumgiengen, deren Un=
ächtheit und Entstellung mir eben so wenig gleichgültig
seyn konnte, als ich es auf den Verdacht wagen mochte,
ich verfertigte, vielleicht zur Nachahmung ei=
niger berühmten Deutschen Dichter, Werke,
welche das Licht scheuen müßten.

D

Anhang

zu dem vorigen Abschnitte.

Ich habe den allgemeinen Grund aller reinen Liebe zwischen Personen verschiedenen Geschlechts auf ein ursprünglich eingepflanztes Vermögen, sich in die besondern Neigungen, Bedürfnisse, Gefühle und damit zusammenhängenden Verhältnisse von den Individuen des entgegengesetzten Geschlechts hineinzudenken, zurückgeführt; ich nenne dieses Vermögen die Geschlechtssympathie, und glaube, daß es sich, obwohl in verschiedenen Graden, der Zeit, der lebendigen Stärke und Feinheit nach, in allen jungen Personen entwickeln muß, wenn sich nicht zufällige und gewiß bey jedem zu vermeidende Hindernisse in den Weg stellen. *) Obwohl die meisten jungen Personen unsrer Zeit sich frühzeitig zur Wollust erniedrigen, so findet man dennoch hie und da ein reines männliches oder weibliches Herz, welches sich durch jene natürliche und edle Geschlechtssympathie zu dem andern Geschlechte hingezogen fühlt; vielleicht daß man ihrer mehrere fände, wenn nicht ein so würdiger Hang sich nach dem Geiste der Weltmenschen, verbergen müßte, die sich die Aeußerung unsittlicher Gefühle erlauben, während sie die sittlich = guten durch elende Conventionen und wohl gar durch Spott zurückscheuchen, und wenn

*) Diese Geschlechtssympathie geht auf Wirklichkeit, nicht auf Phantome der Einbildungskraft. Dieß erinnere ich wegen des Folgenden, um dem Einwurfe vorzubeugen, der Geheimwollüstling könne Geschlechtssympathie mit seinem Laster vereinigen.

nicht mit dieser liebenswürdigen Neigung jene Schaamhaftigkeit verknüpft wäre, durch welche die Natur dem Umgange beyder Geschlechter so viele Reitze verliehen hat. *) Die Verschiedenheit,

---

*) Quand une fois la pudeur est immolée, sagt eine französische Schriftstellerin, elle ne revient pas plus que les belles années, c'est elles qui sert leur veritable intérêt; elle augmente leur beauté elle en est la fleur; elle sert d'excuse à la laideur; elle est le charme des yeux; l'attrait des coeurs, la caution des vertus, l'union et la paix des familles. Mais si elle est une sûreté pour les moeurs, elle est aussi l'aiguillon des desirs; sans elle l'amour seroit sans gloire et sans gout, c'est sur elle que se prennent les plus flatteuses conquêtes, elle met le prix aux faveurs. La pudeur enfin est si necessaire aux plaisirs, qu' il faut la conserver, même dans les tems, destinés a la perdre. Diese Schaamhaftigkeit ist aber selbst in den Augen vieler Menschen nur ein Gegenstand des Spottes.

mit welcher sich diese Sympathie in verschiedenen
Menschen entwickelt, rührt theils von der beson=
dern Beschaffenheit ihrer Geisteskräfte, theils
von ihrer Körperbeschaffenheit, theils von zufäl=
ligen Verhältnissen ihrer Erziehung, Bildung,
Umgangs u. s. w. her. Personen, iu denen sich
das moralische Gefühl frühzeitig mit Stärke und
Reinheit entwickelt, die dabey eine sehr feurige
Phantasie und eine warme Empfindsamkeit be=
sitzen, und in denen wegen der Zartheit ihrer
Nerven und andrer physischen Umstände auch der
Geschlechtstrieb frühzeitig erwacht und seine na=
türliche Richtung nimmt, werden sehr bald die
Rolle von Verliebten spielen, im guten Sinne
des Worts. Bey andern, bey denen zwar das
moralische Gefühl mit Kraft und Lauterkeit her=
vorgeht, bey denen aber die übrigen so eben
genannten Umstände fehlen, wird die Entwicke=
lung der Geschlechtssympathie, und die daraus
entspringende Stimmung gegen das andre Ge=

schlecht später eintreten, und nie mit gleichem
Feuer erfolgen. Einige werden mehr einer festen
und männlichen Liebe fähig, wenn ihr kraftvoller Geschlechtstrieb unter der Leitung einer stark
wirkenden moralischen Vernunft steht, jedoch
ohne besonderes Feuer der Phantasie und eine
heiße Empfindsamkeit. Einige folgen bey den
übrigen angegebenen Erfordernissen vorzüglich
einer in ihnen herrschenden glühenden Phantasie,
diese lieben schwärmerisch. Andre wieder anders,
jeder nach seinen besondern Grundlagen.

Wie die Erziehung diese edle Entwickelung des
Geschlechtstriebes und der Geschlechtssympathie be-
wirke und unterstütze, ist kein geringes Problem für
die Erziehungswissenschaft. Welche Folgen durch
Vernachlässigung davon entstehn, weiß Jeder, der
nur einen Blick in die Welt gethan hat. Oft dauern
sie das ganze Leben eines Menschen hindurch fort.
Ich will ganz unnatürlicher Laster nicht erwähnen, die sich im tiefsten Dunkel verbergen, weil

sie alles Gefühl der Menschheit empören, Laster,
bey denen gegen allen Instinkt der Natur Men=
schen einander auf eine Weise mißbrauchen, der
man zu viel Ehre anthun würde, wenn man sie
viehisch nennte. (Indessen sind diese schädlichen
Verirrungen der Menschen ein noch nicht gelöstes
Problem der Psychologie.) Aber über jene soli=
täre Wollust*) beyder Geschlechter, wo ein
Mensch nur sich selbst mißbraucht, und alle Sym=
pathie mit Mitmenschen erstickt, kann ich mir
einige Worte nicht versagen, da mir scheint,
daß unsre neuen Schriftsteller darüber, von dem
würdigen Tissot an, höchst einseitig davon ge=
handelt haben. Ich thue es in dieser Episode,
um nicht in der Folge Ideenreihen dadurch zu

---

*) Ich will diesen Namen der Euphonie halber
lieber brauchen, als den ekelhaften Namen der Onanie
oder Selbstbefleckung.

brechen, die nur edlen Gegenständen gewidmet
sind, und kein widriges Gefühl erregen sollen.
Man nehme meine Gedanken darüber einstwei=
len für Fragmente. Uebrigens ist es mir gleich=
gültig, wenn gewisse Philosophen, welche aus
Ziererey in Betreff solcher Materien lieber nichts
Gutes thun, als sie zur Sprache bringen, die
Delikatesse durch diese Fragmente von mir ver=
letzt glauben sollten. Ich bin des Sinnes, daß
in der praktischen Moral, welche für reifere
Jünglinge und Mädchen bestimmt ist, von jedem
Laster ohne Verhelung, jedoch mit Anstand ge=
sprochen werden muß, und daß durch das vor=
nehme Schweigen von der Sittlichkeit mancher
leidenschaftlichen Verirrungen der Menschen, in
welchem sich Lehrer auf Universitäten und Schu=
len oft so sehr gefallen, unendlich viel Verder=
ben gestiftet wird. Dieses Schweigen ist auch eben
so wenig ein Beweis der Unschuld als das freye
Sprechen über solche Gegenstände einen vernünf=

tigen Verdacht gegen den Sprecher erregen kann. Jenes kann eine Folge von innerer Schaam seyn, wo man zu erröthen fürchtet, so wie der Inhalt von diesem das Werk der Einbildungskraft, feiner und schlauer Beobachtung der Menschen, und einer durch Erfahrung erworbenen Kenntniß der Welt. Ein Moralist, welcher in der Welt auf die Bildnug jünger Personen wirken will, muß von allen Arten der Unsittlichkeit und des Lasters eine wahre Kenntniß besitzen, wie könnte er außerdem Mittel angeben, ihnen auszuweichen. Aber freylich moralisiren Viele über Geitz, Spielsucht, Wollust, Verschwendung, welche zugleich gestehen, daß sie von der Möglichkeit dieser Laster nicht den entferntesten Begriff haben.*)

---

*) Es ist ein grobes Vorurtheil der Welt, daß phlegmatische, von Natur schüchterne und in ihren Bücherfaal eingeklösterte Männer die besten Moralisten seyn, hingegen feurige Personen, welche ihre Lebens

Diejenigen Aerzte, welche von demjenigen
Laster, das ich solitäre Wollust nenne, gehandelt
haben; haben einen viel zu großen Einfluß von
der Darstellung körperlicher Folgen eines grenzen-
losen Uebermaaßes von Ausschweifung darin
erwartet, und eben dadurch der guten Sache geschadet. Sie haben das Laster nicht unterdrückt,
sondern nur die Jugend höchstens klug gemacht,
um ohne Nachtheil des Körpers auf der Bahn
desselben fortzugehen. Denn die Jugend wird,
wenn sie irgend nur die Natur des Körpers
kennt, leicht begreifen, daß die in solchen Bü-

---

verhältnisse mit der Welt vertraut machten, dazu un-
tauglich, wohl gar Lehrer des Lasters seyn müßten.
Wie manchen sanftscheinenden Theologen hört man
über Laster predigen, und hört, daß er nicht weiß,
wovon er redet. Der Lasterhafte muß sich getroffen
fühlen, wenn man auf ihn wirken will, außerdem
wird er über die Anstalten zu seiner Besserung lachen.

chern geschilderten Folgen nur von einem viehi-
schen Extrem herrühren; sie werden dieses Extrem vermeiden, und sich ihr Laster in einer
gemessenen und auf das Wohl des Körpers
berechneten Ordnung erlauben. Oder glaubt
man, daß, wenn ein Arzt Beyspiele von Personen sammelte, die sich durch Uebermaaß ehelichen Beyschlafs ruinirt haben, Niemand hey-
rathen würde? Jene Beyspiele dürften häufig
und in mehrern Rücksichten schrecklich seyn.

Ich bin so weit entfernt, durch das bisher
Gesagte dem Laster das Wort reden zu wollen,
daß ich vielmehr eben darauf gehe, daß zur
gänzlichen Verhinderung desselben andre Gründe
nöthig sind, als jene schauderhaften Lazareth-
scenen. Und diese Gründe müssen vom Einfluß
aller solitären Wollust auf Herz, Charakter und
Geist des Menschen hergenommen werden.

Alle solche Wollust, würde sie auch mit
noch so gemessener Ordnung und Mäßigkeit ge-

trieben und wäre auch der Körper bey ihr voll=
kommen gesichert; verderbt Herz und Charakter,
und bringt den Geist des Menschen in Unord=
nung, wenn sie nämlich ausschließende Me=
thode den Trieb zu befriedigen wird.*) Diese
Wahrheit würde weniger gewagt scheinen, als
es gewiß der Fall ist, wenn nicht besonders die
moralische Verderbniß, welche jenes Laster nach
sich zieht, sich unter der Hülle der Heuchelep
verbürge. Wer mag bey der dem Menschen eig=
nen Verstellungskunst, die Herzen ergründen,
und die geheime Niedrigkeit ausspähen, zu wel=
cher die Gesinnung, die Neigungen und Gefühle
herabgesunken sind. Ebendeßhalb ist es gut, auf
die Natur des Lasters selbst zurückzugehn, von

---

*) Diese Einschränkung ist nothwendig, außerdem
würde ich zu viel sagen. Ich bitte sie diese ganze
Betrachtung hindurch immer im Sinne zu haben.
Sonst treten zahllose Mißverständnisse ein.

welcher sich Jeder durch seine Einbil=
dungskraft und seinen Verstand einen
wahren Begriff machen kann, und aus
dem Verhältnisse des Geschlechtstriebes zu den
Kräften der Seele die unausbleiblichen geistigen
Folgen desselben herzuleiten. Man kann hierbey
nicht irren, wenn man mit der Natur unsrer
Seele hinlänglich vertraut ist.

Der allgemeine Charakter aller solitären
Wollust beyder Geschlechter besteht darin, daß
Personen eines Geschlechts sich bey bloßer
Phantasievorstellung von Personen des
andern Geschlechts, aus bloßem Hange zur
Lust den Geschlechtskitzel verursachen, und durch
Gewohnheit an das Laster endlich zu einer gänz=
lichen Gleichgültigkeit gegen das andre Geschlecht
in der wirklichen Welt herabsinken.

Man darf nur in diesen Charakter etwas
tiefer eindringen, um zu sehen, was jenes Laster
auf Herz und Geist wirkt.

Menschen können gar nicht schändlicher aus=
drücken, daß sie das andre Geschlecht zu einem
bloßen Mittel für ihre eigne Lust erniedrigen,
als indem sie die Wirklichkeit desselben mit
kalter Gleichgültigkeit ansehen, die Geschlechts=
gemeinschaft mit ihm für immer verschmähen
und ohne alle wahre Leidenschaft für irgend eine
Person desselben, in der Stille die Phantasiebil=
der der Individuen zur Reizung ihrer Sinnenlust
mißbrauchen. Zugleich würdigen solche Wollüstlinge
sich selbst im höchsten Grade herab, indem sie
nicht nur alle sittliche Forderungen in Betreff
des Geschlechtstriebes vergessen, sondern auch die=
sem Triebe seine physische natürliche Richtung
nehmen. Der Wollüstling, welcher die Gemein=
schaft des andern Geschlechts sucht, ist immer
noch weniger verächtlich; es ist für ihn doch
nicht Maxime, allein zu genießen, er sucht
keinen Genuß, den das andre Wesen nicht mit
ihm theile, und nimmt wenigstens einen Schein

von Geschlechtssympathie an; während der soli=
täre Wollüstling alle Theilnahme und allen Mit=
genuß mit einer unmenschlichen Selbstgenügsam=
keit abweist. *)

---

*) Kant scheint mir darüber in seiner Tugendlehre
etwas zu flüchtig und unbestimmt zu sprechen, wenn
er sagt: Unnatürlich heißt eine Wollust, wenn der
Mensch dazu, nicht durch den wirklichen Gegenstand,
sondern durch die Einbildung von demselben, also zweck=
widrig, ihn sich selbst schaffend, gereizt wird. Denn sie
bewirkt alsdann eine Begierde wider den Zweck der
Natur, und zwar einen noch wichtigern als selbst der
der Liebe zum Leben ist, weil dieser nur auf Erhal=
tung des Individuum, jener aber die der ganzen Species
abzielt. Daß ein solcher naturwidriger Gebrauch seiner
Geschlechtseigenschaft eine und zwar der Sittlichkeit im
höchsten Grade widerstreitende Verletzung der Pflicht
wider sich selbst sey, fällt jedem, zugleich mit dem
Gedanken von demselben sofort auf, erregt eine Ab=
kehrung von dem Gedanken in dem Maaße, daß selbst

Er verachtet die Zwecke der Natur in Hinsicht
beyder Geschlechter, er verachtet die Gebothe,

---

die Nennung eines solchen Lasters bey seinem eignen
Namen für unsittlich gehalten wird, welches, bey
dem des Selbstmords nicht geschieht, den man mit
allen seinen Gräueln (in einer species facti) der Welt
vor Augen zu legen im mindesten kein Bedenken trägt,
gleich als ob der Mensch überhaupt sich beschämt fühlte,
einer solchen ihn selbst unter das Vieh herabwürdi-
genden Behandlung seiner eignen Person fähig zu
seyn. — Der Vernunftbeweis aber der Unzulässigkeit
jenes unnatürlichen, und selbst auch des bloß unzweck-
mäßigen Gebrauchs seiner Geschlechtseigenschaften, als
Verletzung der Pflicht gegen sich selbst ist nicht so leicht
geführt. Der Beweisgrund liegt freylich darin,
daß der Mensch seine Persönlichkeit dadurch aufgiebt,
indem er sich bloß zum Mittel der Befriedigung thierischer Triebe braucht. Aber der hohe Grad der Verletzung der Menschheit in seiner eignen Person durch
ein solches Laster, in seiner Unnatürlichkeit, da es,
der Form (der Gesinnung) nach selbst das des Selbst-

welche die Gottheit durch die Natur ausspricht, er trennt sich von seiner Gattung, und will ihre natürlichen Triebe und Gefühle nicht mit ihr theilen.

Kann es einen gröbern Egoisten geben, als einen solchen, dem seine Sinnenlust höher gilt, als Gottheit, Natur, und Menschheit. Ein solcher ist aber der solitäre Wollüstling. Er weiß, daß die Gottheit die Fortpflanzung der Menschen-

---

mords noch zu übergehen scheint, ist dabey nicht erklärt. Es sey denn, daß die trotzige Wegwerfung seiner selbst im letztern, als einer Lebenslast nicht eine weichliche Hingebung an thierische Reize ist, sondern Muth erfordert, wo immer noch Achtung der Menschheit in seiner eignen Person Platz findet, jene, welche sich gänzlich der thierischen Neigung überläßt, den Menschen zur genießbaren, aber hierin doch zugleich naturwidrigen Sache, d. i. zum ekelhaften Gegenstande macht, und so aller Achtung für sich selbst beraubt.

E

gattung von dem freyen Willen der Individuen erwartet, er widerſetzt ſich ihr, und wagt eine Herrſchaft über jenes erhabne Weſen; er weiß, daß die Natur allenthalben den Plan dieſes We=ſens ausdrückt, daß das ganze Thierreich dieſen Plan in Beziehung auf Geſchlechtstrieb und Fort=pflanzung verkündigt, er achtet die Natur nicht, und ſpottet ihrer durch ſeine Unnatur; er weiß, daß ihn mit ſeiner Gattung Bande verknüpfen, nach denen er alle natürliche und ihrer würdige Triebe mit ihr theilen muß, er weiß, daß der Geſchlechtstrieb vorzüglich dazu gehört, er vergißt alle Verwandſchaft mit der Menſchheit, und artet lieber in einen Unmenſchen aus. Und dieß alles, um an Sinnenluſt zu gewinnen, von der er fürchtet, daß ſie geſchmälert würde, wenn er der Gottheit, der Natur und der Menſchheit einge=denk wäre.

Damit die Folgen, welche ſich aus den ſo eben aufgeſtellten Behauptungen ergeben, nicht etwa unwahr oder doch übertrieben scheinen, muß ich bemerken, daß sie sich gerade nicht in äußern Handlungen zeigen, sondern meistens sich im Innern der Gesinnung zurückhalten, theils aus Furcht vor den Gesetzen, theils aus Werthschäzung seiner Ehre und Schaam vor den Menschen, theils aus kluger Berücksichtigung der Hülfleistung und der Dienste andrer Menschen, deren Niemand entbehren kann.

Es kann ein Mensch äußerlich liebreich und großmüthig, der Gesinnung nach grausam und rachsüchtig, äußerlich empfindsam, innerlich gefühllos seyn.

Der solitäre Wollüstling sinkt im Fortgange seines Lasters so tief, daß er keines lebhaften Interesse, und keiner wahren Achtung der Menschheit mehr fähig ist. Seine Kälte, Gleichgültigkeit, und Zurückziehung in ihn selbst drückt sich gewöhnlich in seiner Physiognomie aus; und kündigt vorzüglich Mangel alles Strebens nach

E 2

dem andern Geschlechte, aller Annäherung an
daſſelbe, aller mittheilenden Neigung gegen daſſelbe aus. Dieß gilt eben ſo wohl vom männlichen als vom weiblichen Geſchlechte, obwohl es
wahrſcheinlich iſt, daß jener Ausdruck bey den
Frauenzimmern ſtärker und ſprechender iſt.*) Er

*) Auch iſt er gewiß bey den Frauenzimmern ni-
driger als bei den Männern, indem ihre Phyſiogno-
mieen zarter ſind, und man von ihren Bildungen
mehr Ausdruck von Gefühl erwartet. Der Hauptzug,
welchen die ſolitäre Wolluſt ankündigt, wird wohl
wahrſcheinlich im Auge liegen, deſſen Blicke gleichſam
in ſelbiges zurückgeben, während ſie bey Menſchen von
natürlich gerichteter Geſchlechtsluſt ausſtrahlen, und
gleichſam einen Gegenſtand der Neigung ſuchen. Dieſer
Hauptzug fällt bey einem Manne, (der vielleicht im
Nachdenken verſenkt iſt,) weniger auf, als bey einem
Frauenzimmer, für die eine ſolche Stimmung unnatürlich iſt. — Man mag ſich wohl zuweilen in ſol-
chen Vorausſetzungen täuſchen, aber ſie werden doch

empört bey beyden Geschlechtern, denn er sagt
nichts weniger als: „Männer, (Weiber)
zwar hat die Natur uns für einander
bestimmt, aber ich brauche euch selbst
nicht, ich gnüge mir;" ein erniedrigender

---

gewiß durch die Pluralität der Fälle bekräftigt. Lächerlich wäre es, sie kategorisch anzuwenden; dieß könnte
einen neuen Museus zu physiognomischen
Reisen reizen. Indissen giebt es gewisse Criterien,
durch die eine ziemlich richtige Anwendung bewirkt
wird. Nämlich man muß fragen: Ist jene Person nicht
von Natur äußerst unreizbar für die Geschlechtsliebe?
Ist sie von stillschwärmerischem, oder tiefsinnigem Charakter? Hat nicht vielleicht unglückliche Liebe den Zug
der Geschlechtssympathie verlöscht? Ist es nicht vielleicht bey dem Frauenzimmer Folge von Bescheidenheit
und Verschämtheit, bey dem Manne Folge eines edeln
Stolzes, welcher eine solche Neigung nicht bloßgeben
will? Durch diese und ähnliche Erforschungen kommt
man wenigstens der Wahrheit näher.

Zuruf, denn sie erklären sich damit bloß für Mittel ihrer thierischen Wollust, erklären aber auch, daß sie einen Ausweg gefunden haben, einander mit Gewinn an Sinnenlust zu entbeh= ren. Mit Recht erklärt deßhalb Kant die soli= täre Wollust für die unnatürlichste.

Wer kein lebhaftes Interesse und keine Ach= tung für die Menschheit hat, verläßt auch alle die Tugenden, die daraus entspringen, und ver= fällt in die entgegengesetzten Laster. So der Geheimwollüstling.

Er ist unfähig:

1) jenes weltbürgerlichen Geistes, der den unverdorbenen und edelgesinnten Menschen zum Enthusiasm für den großen Plan der Gottheit für die ganze Welt erhebt. Wie könnte derselbe in einer Seele Wurzel fassen, die Gott und Natur in einer Angelegenheit Trotz biethet, die

für die Erde und die Menschheit eine der wichtigsten ist.

2) des wahren Vaterlandsgeistes, der den Mann von großer Denkungsart zu jeder Aufopferung für das Ganze seines Staats bestimmt. Ein Frauenzimmer von solitärer Wollust wird nie die That einer Charlotte Cordai nachahmen, und einen tyrannischen Demagogen ermorden.

3) aller thätigen Menschenliebe; thut er wohl, so geschieht es aus Neben= absichten; seine Gesinnung widerspricht.

4) unfähig der Großmuth; er verzeiht nicht, es müßte denn sein Vortheil dabey interessirt seyn. Sein Herz nährt seinen Haß mit den kräftigsten Mitteln der Lei= denschaft.

5) alles Sinnes für häusliche Glück= seligkeit, gattliche, elterliche und kind= liche Liebe. Wie sollte dieser Sinn in

einer Seele möglich seyn, in der die natürliche Richtung des Geschlechtstriebes
gegen die gröbste egoistische Wolluft ver-
tauscht worden ist. Dieß ist ein Punkt,
der gar keinen Zweifel und Widerspruch
zuläßt. Tritt dieser ein, so kann man
sichre Schlüsse machen.

6) im geselligen Umgange aller eblern
Artigkeit und Gefühl ausdrückenden Annäherung; eine Eigenschaft, die
wichtiger ist, als die Meisten denken und
zur Beseligung unsers Lebens nicht wenig
beyträgt. Der solitäre Wollüstling kann
einen Schein davon nachahmen, der aber
immer das Gepräge von Heucheley, Kunst
und Zwang mit sich führen wird.

Dagegen wird sich der solitäre Wollüstling
wahrscheinlich auf den Abweg folgender Laster
verlieren:

1) des Geitzes; daß dieß besonders bey
Frauenzimmern der Fall seyn dürfte, läßt
sich daraus vermuthen, daß Personen, welche
in ihrer Jugend von den Männern vernachlässigt wurden, und ohne Verbindung
blieben, gewöhnlich ihre Tröstung in einer
übertriebenen Liebe des Geldes suchen.

2) der Verschwendung zu bloßer eignen
Sinnenlust, ohne Interesse für Mitgenuß
andrer Wesen, dieß wird bey Männern
mehr der Fall seyn, als bey Frauen, die
größtentheils nur dann verschwenden, wenn
sie üppige Leidenschaften mit Personen des
andern Geschlechts unterhalten.

3) der Härte und der Grausamkeit
gegen ihre Mitmenschen; die letzte
wird sich freylich sehr zurückziehen müssen,
wird aber doch nicht selten in der bittersten Verleumdung, boshaftem Spotte,
Mißhandlung der Untergebenen, lieblosen

öffentlichen Urtheilen über Unglückliche,
die bey andern Hülfe suchen, ausbrechen.

4) verächtlicher Behandlung von Per=
sonen des andern Geschlechts. In
diesen Fehler werden Frauenzimmer eher
gerathen als Männer; sie werden ihre
Selbstgenügsamkeit das andre Geschlecht
auf eine beleidigende Weise fühlen lassen.
Für diese Behauptung scheint mir die
wirkliche Welt mitunter Data zu liefern,
die kaum bezweifelt werden können.

5) einer die übrigen Menschen drük=
kenden Aergerlichkeit und übeln
Laune.

6) einer heuchlerischen Höflichkeit,
die nur auf den Lippen schwebt, während
das Herz nichts davon weiß.

7) auf das allerwenigste wird man immer von
solchen Wollüstlingen sagen können, daß
ihr Herz ausgetrocknet ist; ein vor=

trefflicher Ausdruck unsrer Sprache, welcher jene gänzliche Unterdrückung aller
sympathetischen Neigungen bezeichnet, durch
welche Menschen der mittheilenden Gefühle und der Liebe zu der Natur unfähig
werden.

Ich ziehe das Resultat: die solitäre Wollust führt Personen, sey es vom männlichen oder
weiblichen Geschlechte zu einem wahren moralischen Tode des Herzens. Und es läßt sich nun
leicht angeben, welches die wesentlichen Züge des
Charakters eines solchen Wollüstlings sind.

Der Charakter eines Menschen besteht in
derjenigen Art und Weise zu handeln, die aus
allen Verhältnissen seiner Gemüthskräfte, bezo-
gen auf Begehrungsvermögen und Willen folgen.
Der solitäre Wollüstling zeichnet sich dadurch
aus, daß sein Geschlechtsegoism einen allgemeinen Egoism herbey führt, daß unmittelbar oder

mittelbar feine Maximen und die Beweggründe feiner Handlungen mit feinem Geschlechtsegoifm zufammenftimmen, daß er felbft in diefer Hin= ficht fehr konfequent handelt, aber für jeden Menfchen außer ihm ganz unzuverläffig ift.

Im Charakter jedes Menfchen ift ein pri- mum mobile, welches über die Handlungen ent= fcheidet, welche wirklich werden follen. Bey dem folitären Wollüftlinge ift es eine Befriedigung feines phyfifchen Gefchlechtstriebes, bloß durch fein eignes Gefchlechtsorgan und ein daraus fol= gender herrfchender Hang, über die Befriedigung feiner eigenen finnlichen Begierden, alle Pflich= ten gegen feine Mitwefen, und alle Pflichten gegen ihn felbft zu vergeffen.

Alle feine übrigen Seelenkräfte ftehen unter der Herrfchaft diefes Egoifm; die fittliche Ver= nunft fchweigt, jedes von ihr herrührende In= tereffe und die damit verknüpften Gefühle ruhen, die erkennenden Kräfte find einverftanden mit

der Selbstsucht und leisten ihr treue Dienste, die
Sinne liefern ihr Bilder, das Gedächtniß be=
wahrt sie, die Phantasie ruft sie wieder hervor,
bildet sie aus, und schafft aus den zerstreuten
Zügen derselben neue, Verstand, Urtheilskraft
und Vernunft sind bestrebt, die Materialien der
Wollust zu ordnen und wo möglich in ein System
zu bringen. So ist der Egoism der Alleinherr=
scher, alle Seelenvermögen außer demjenigen,
welches nie dienen, kann, der moralischen Ver=
nunft, Sklaven desselben.

Allein diese Alleinherrschaft des Egoism zu
verbergen fordert sein Interesse, und hier kommt
ihm sein Laster selbst zu Hülfe, welches ihn an
Zurückziehung in ihn selbst gewöhnt, und ihm
jede offene Darstellung seiner selbst an seine
Mitmenschen unmöglich macht. Der solitäre
Wollüstling wird allezeit zurückhaltend und ver=
schlossen seyn, oder, wenn er sich äußert, Heuch=
ler und Comödiant.

Man kann annehmen, daß gewisse Diener
dieser Wollust in einen entgegengesetzten Fehler
fallen, und mit einer verächtlichen Frechheit vom
grobphysischen Geschlechtstriebe sprechen, ohne
eine Beleidigung des Anstands zu fürchten.
Dieß wäre leicht zu erklären. Nämlich die Veredlung des Geschlechtstriebes und wahre Liebe
der Geschlechter ist ihnen gänzlich fremd. Sie
fühlen nichts niedriges darin, von jenem Triebe
in seiner thierischen Rohheit unverholen zu sprechen. Warum sollten sie sich nicht Schilderungen
und Anspielungen erlauben, die wir Andern Ob-
scönitäten nennen? Für sie haben sie nichts
Aergerliches. Die irdische Venus ist ihnen die
himmlische.

Der solitäre Wollüstling ist in seinem
Innern folgerecht, sein Prinzip, Egoism,
herrscht durch alle seine Gesinnungen. Doch verbirgt er seinen Charakter und die ihm eigne
Konsequenz im Laster, hat überdieß auch An-

wandlungen, wo er dem Scheine nach, als ein guter Mensch handelt, dieß macht ihn für seine Mitmenschen schlechterdings unzuverläßig.

Er ist endlich, auch dieß folgt aus der Natur seines Lasters, durchaus träge für alle Unternehmungen, die darauf keine Beziehung haben. Bestätigende Beyspiele dieser Behauptung dürfte man am meisten auf Schulen finden, deren Verfassung die schwache Jugend zur solitären Wolluft hinführt.

Daß ungemäßigte Wollust dieser Art für die Geisteskräfte verderblich sey, ist an sich evident, und bedarf keines Beweises. Weniger zugestanden ist es, daß auch eine mäßige Ausübung jenes Lasters, wenn es nämlich das Herz eines Menschen ganz beherrscht, die natürliche Wirksamkeit der Vorstellungskräfte stöhrt und Unordnungen hervorbringt, die auch auf Moralität in vielen Hinsichten wichtigen Einfluß haben.

Die Kräfte des menschlichen Geistes stehen
unter einander in solcher Harmonie, daß die
Mißleitung der einen jederzeit Einfluß auf die
Wirksamkeit der übrigen hat. Man darf also im
voraus vermuthen, daß, wenn ein natürlicher
Trieb in eine ganz falsche Richtung gebracht wird,
das ganze Spiel der übrigen Kräfte der Seele
gewissermaaßen in Unordnung geräth; je wichtiger der Trieb, um so größer die Unordnung.

Dieß angewendet auf den durch solitäre Wollust mißgeleiteten Geschlechtstrieb, ergiebt sich,
daß durch seine Mißleitung alle Kräfte der Seele
verrückt und in ihrer wesentlichen Wirksamkeit
gestöhrt werden. Eine allgemeine Unnatürlichkeit
verbreitet sich über das Gebiet des Geistes. Das
Erkenntnißvermögen soll in Harmonie mit der
sittlichen Vernunft wirken, das System seiner
Vorstellungen soll sich ganz auf sie beziehen, und
durch diese Beziehung erst seine wahre Vollendung
erhalten. Nun ist aber jene Vernunft durch die

heimliche Wolluſt in Schlaf verſenkt, und an
ihrer Stelle hat ſich ein unnatürlicher Geſchlechts=
trieb der Oberherrſchaft der Seele bemächtigt;
das Erkenntnißvermögen iſt alſo in eben der Un=
ordnung, in welcher ein unſchuldiges Volk ſeyn
würde, deſſen Regierung ein weiſer Monarch
an einen tyranniſchen Wollüſtling hätte abtreten
müſſen. Es erſchlafft und bequemt ſich zu dem
Dienſte des nichtswürdigen Oberherrn. Der ſo=
litäre Wollüſtling iſt keiner Kraft des Erkennt=
nißvermögens fähig; es ſtrebt in ihm nicht mit
Enthuſiaſm nach Vollendung und Einheit und
Wahrheit, wirkt nicht dem Irrthume mit Macht
entgegen. Seine Wirkungen ſind träge, matt
und zerſtreut, ſeine Ideenverbindungen unor=
dentlich und zerriſſen, das Gedächtniß gewöhn=
lich geſchwächt. Die einzige Kraft, die mit Leb=
haftigkeit in ihm wirkt, iſt die Phantaſie. Al=
lein wenn man auch vielleicht zugeben müßte,
daß ihr Feuer durch jenes Laſter ſelbſt erhöht

wird, so ist doch eben so unbezweifelt, daß ihre
Richtung dadurch einseitig, und ihre Bilder
verunreinigt werden müssen; sie bezieht sich ge=
wiß größtentheils in ihrem Spiele auf das Laster,
und ihre Gemählde sind nie rein. Wäre ein
solcher Wollüstling Dichter, so könnte er viel=
leicht rein schöne Darstellungen geben; dieß würde
aber gewiß erst durch eine künstliche Absonderung
unlauterer und grober Züge geschehen. Hier ist
davon die Rede, wie die Gebilde seiner Phan=
tasie in ihrem ersten Ursprunge in der Seele
beschaffen sind.

Ich verfolge dieses nicht und frage: ob nicht
die Seele eines solitären Wollüstlings eine wahr=
haft zerrüttete Seele ist, ob man nicht vor ihr
zurückschaudern würde, wenn man sie sinnlich
dargestellt sähe. Aber Lasterhafte dieser Art kön=
nen den Anblick ihrer selbst ertragen, keine Reue
schreckt sie zurück, denn sie sind ihrer nicht fähig.

Der Wollüstling, welcher Gemeinschaft mit dem andern Geschlechte zu bloßer Befriedigung seiner Lust sucht, hat zuweilen Momente, wo er in sich kehrt, und sich seiner selbst schämt. Jenem führt die Zeit ein solches Moment nie entgegen, er genießt der vollkommensten Selbstzufriedenheit.

Die Gründe, welche Menschen bestimmen, sich diesem Laster zu ergeben*), sind mannichfal-

---

*) Von den Ursachen, durch welche zuerst Bekanntschaft mit diesem Laster entsteht, ist hier nicht die Rede. Indessen scheint mir, als gebe es keine untrügliche Methode, sie zu verhindern. Man weiß, daß bey vielen Kindern die Art des Tragens auf dem Arme und die Liebkosungen der Mütter und Wärterinnen, bey Knaben nicht selten das Reiten auf Steckenpferden, das Klettern auf Bäume, bey Mädchen das Spinnrad, bey erwachsenen Knaben enge Hosen u. s. w. Gelegenheit zur Verführung gegeben

F 2

tig, und entweder beyden Geschlechten gemein oder nur dem einen eigenthümlich.

Beyden Geschlechtern gemein sind:

1) Mangel an edler und sich selbst achtender Gesinnung; dieß ist der Urgrund gänzlicher Ergebung unter die Herrschaft jenes Lasters.

2) Mangel an Geschlechtssympathie und Entwöhnung von der Natur zur Unnatur.

3) Mangel an aller Religion, oder doch nur unwürdige Begriffe von derselben. Mit

---

haben. Wie mag man dieß verhindern? Die meisten Methoden, die man ersonnen hat, sind ganz unzuverlässig, manche lächerlich. Es ist bloßes Glück, wenn Kinder, Knaben und Mädchen, davon frey bleiben. Nicht viel anders ist es mit der erwachsenen Jugend.

allem Aberglauben verträgt sich die soli=
täre Wollust. Fromme Mönche und fromme
Nonnen waren Meister darin.

4) Luxus und Weichlichkeit.

5) Abneigung gegen die Unbequemlichkeiten
des häuslichen Lebens.

6) Mannigfaltigkeit des Genusses durch das
damit verknüpfte Spiel der Phantasie in
seiner Freyheit.

Dem weiblichen eigen:

1) mehrerer grob = sinnlicher Genuß, als durch
wirkliche Gemeinschaft mit dem andern
Geschlechte.

2) Furcht vor den Schmerzen der Geburten.

Dieß sind, so scheint mir, die wichtigsten
Bewegungsgründe, die einen Menschen bestim=

men können, sich jenem Laster zu ergeben. Nur durch moralische Mittel können sie gehoben werden, da hingegen bloße Klugheitsregeln dazu nicht hinreichen. Der solitäre Wollüstling muß, um gerettet zu werden, zu dem vollen Gefühl der Schändlichkeit seines Lasters gelangen, die Erkenntniß der Unnatürlichkeit seiner Neigung, und ihres Widerstreits gegen die Ordnung der Welt und den Willen der Gottheit, muß ihn mit Schaam vor ihm selbst erfüllen, die Regelwidrigkeit und Verkehrtheit des Spiels seines Geschlechtstriebes muß ihm unerträglich werden, und das Bedürfniß einer edlen Gemeinschaft mit dem andern Geschlechte in ihm so kräftig erwachen, daß er alle vielleicht damit verknüpfte Aufopferungen nicht achtet. Ich gebe gern zu, daß die Bekehrung solcher Lasterhaften mit vielen Schwierigkeiten verknüpft ist, allein sie wird auch gar sehr durch die Natur unterstützt. Spricht nur der Spiegel, den man ihnen vorhält, mit Wahrheit

und Treue, und erkennen sie sich in ihm wieder,
so kehren sie — oder sie wären gar keine Men=
schen mehr, — zu der edeln Richtung mensch=
licher Neigung zurück. °)

Legen die Menschen auf den Wohlstand ihres
Körpers ein so großes Gewicht, sollte denn ihre
geistige Gesundheit so wenig Interesse für sie
haben, sollten sie, wenn sie sich nun einmahl
moralisch krank wissen, die Heilmittel für ihre
Besserung verschmähen? Ist der moralische Tod
weniger schrecklich, als der physische? Unnatür=
liche Zustände des Körpers führen Schauder und

---

*) Zuweilen verursacht der nähere Umgang mit
einer liebenswürdigen Person diese heilsame Revolution,
aber gewiß geschieht dieß selten, und nur bey solchen,
in denen das Laster noch nicht tiefe Wurzel geschla=
gen hat.

Ekel mit sich, sollte ein entartetes Herz nicht
vor seinem Anblicke erschrecken, und seine ganze
Kraft aufbiethen, um den Gift auszutilgen, der
seine Lebenskraft verzehrt?

Der Urheber der Natur übergab die große
Sache der Fortpflanzung der Menschengattung
der Freyheit der Individuen. Durch keinen
Instinkt gezwungen, wie etwa die vernunftlosen
Thiere, sollten sie sich durch sittliches Gefühl
und Einsicht selbst bestimmen, die Fortdauer
ihrer Gattung auf eine Weise zu bewirken, wie
sie die Hoheit ihres Ranges unter den lebenden
Wesen erheischt. Dieß forderte die Würde des
Menschen, welcher der Natur nicht blind und
sklavisch dienen soll, sondern auch dann, wenn
er ihren dringendsten Gesetzen gehorcht, durch
die von seiner Willkühr abhängige Art seines
Dienstes sich wahren Werth erwerben kann.

Unfehlbar konnte der Allmächtige die Fort=
pflanzung der Menschengattung auf mehr als eine
andere Weise vorbereiten, als es geschehen ist.
Er konnte es, wenn er auch gerade nicht zwey
verschiedene Geschlechter anordnete, ein einziger
Mensch war möglich, ganz so eingerichtet, daß
durch ihn die Gattung fortdauerte. Wenn es
indessen auch immer vermessen seyn würde, die
besondern Ursachen ergründen zu wollen, wegen
derer die Gottheit gerade diese oder jene Mittel
zu ihren Zwecken gebraucht, so ist es doch ver=
gönnt und sogar Pflicht, das Weise in ihren
Einrichtungen darzulegen, welches man vermit=
telst seines Verstandes einsieht und begreift.
Und hieher gehört vor allen die Anordnung der
verschiedenen Geschlechter zur Fortpflanzung un=
srer Gattung; eine Anordnung, welche die reich=
haltigste Veranlassung zur Entfaltung der lie=
benswürdigsten Züge der Menschheit ist. Ver=
gebens dürfte unsre Einbildungskraft bestrebt seyn,

eine andre Methode zu erdenken, die jenen Na=
turzweck in einer solchen Harmonie mit unsrer
sittlichen Würde und Bestimmung erreichte.

Mann und Weib sind ihrer ganzen körper=
lichen und geistigen Einrichtung nach auf einan=
der berechnet, und man kann gewissermaaßen
sagen, daß sie ein Wesen ausmachen. Der
Verfasser der biblischen Urgeschichte drückt dieß
bekanntlich folgendermaaßen aus:

— — „Für den Menschen war
„keine Gehülfin gefunden, die um
„ihn wäre. Da ließ Gott der Herr
„einen tiefen Schlaf fallen auf den
„Menschen, und er entschlief. Und
„nahm seiner Ribben eine, und
„schloß die Stätte zu mit Fleisch.

„Und Gott der Herr bauete ein
„Weib aus der Ribbe, die er von
„dem Menschen nahm und brachte
„sie zu ihm,

„Da sprach der Mensch: Das ist
„doch Bein von meinen Beinen,
„und Fleisch von meinem Fleisch.
„Man wird sie Männin heißen,
„darum, daß sie vom Manne ge-
„nommen ist.

„Darum wird ein Mann seinen
„Vater und seine Mutter verlaf-
„sen, und seinem Weibe anhangen
„und sie werden seyn ein Fleisch.“

1. B. Mos. K. 2. v. 20 u. f.

Die Menschheit ist sich in beyden Geschlechtern nach ihren allgemeinen Charakterzügen vollkommen gleich, und in einer jeden seiner besondern Bestimmung gemäß, auf eine eigenthümliche Weise modificirt.

Freyheit und Sittlichkeit bezeichnen die
Menschheit im Manne, wie im Weibe, demnach
ist auch moralische Perfektibilität jenem sowohl,

als diesem eigen. Die Seelengüte des Mannes
ist von der des Weibes nicht den Principien
nach verschieden, jede nimmt nur, wenn sie sich
in Gesinnungen und Handlungen äußert, eine
eigne Gestalt an, wiefern jede der Eingebung
der Natur zu Folge auf gewisse eigne Zwecke
hinstrebt, jede sich durch eine eigne Stimmung
jener geistigen Kräfte äußert, welche den Ueber-
gang des guten Willens in That und Handlung
vermitteln, jede mit gewissen eigenthümlichen
Nüanzen des Interesse und des Gefühls verknüpft ist.

Allerdings haben Mann und Weib Natur-
bedürfniß, ihren Geschlechtstrieb durch einander
zu befriedigen, allein er steht, wie bereits bemerkt worden, unter der Herrschaft der Freyheit.
Beyde sind sich von dieser Seite gleich. Nicht
so in Hinsicht der Erhaltung ihrer Gebohrnen.
Das Weib hat ein dringendes natürliches, auch
ohne alle Vorstellung von Pflicht wirkendes Be-

dürfniß das Kind zu erhalten, während der
Mann, wie es scheint, der Vorstellung von
Pflichten oder doch der Hinsicht auf sein Ver=
gnügen bedarf, um sich der Verpflegung dessel=
ben zu unterziehen.

Im Weibe sollte der Keim des künftigen
Menschen liegen, in ihm entwickelt, der Mensch
durch dasselbe erzeugt werden und die erste, die
nothwendigste Pflege bekommen. Darum gab
ihm die Natur jene Liebe des Kindes, welche
gewissermaaßen instinktmäßig, und eben deßhalb
auch unüberwindlich in ihm wirkt, jene zarte
Reizbarkeit für angenehme und unangenehme Em=
pfindungen, verbunden mit einer lebhaften, im=
mer regen Einbildungskraft und der innigsten
wärmsten Sympathie, darum jenen herrschenden
Sinn für Wohlgestalt und Schönheit, welcher
so wohlthätig zur Erhaltung und Ausbildung der
Menschen mitwirkt, darum jene ausdauernde
Sanftmuth und jene Duldsamkeit, welche sich

bey dem tiefsten Gefühle des Leidens noch em=
porhält.

Ein solches Wesen bedurfte eines Schutzes;
jenes Wesen also, in dessen Gemeinschaft es die
Fortpflanzung der Menschengattung bewirken sollte,
mußte eben deßhalb stärker an Körperkraft seyn,
fester und kraftvoller im Denken und Handeln,
minder weich und reizbar von Gefühl, begabt mit
Unerschrockenheit und Gegenwart des Geistes.
Kurz es mußte alle Gaben in sich vereinigen, durch
welche die Sicherung des schwächern Geschlechts,
und der Kinder, vorzüglich die Sicherung seiner
eigenen, der Erzeugten und ihrer pflegenden
Mutter, bewirkt werden kann. Alles, was der
Mann eigenthümliches hat an Leib und Seele,
das hat er für Weib und Kinder; gegenseitig be=
sitzt das Weib seinen ganzen Charakter nur für
Mann und Kind, alles übrige, was zu dieser Be=
ziehung nicht wesentlich mitwirkt, ist ihnen ge=
meinschaftlich.

Dieß ist so wahr, daß es die größte Ausar=
tung unsrer Gattung anzeigt, wenn so Viele da=
von keine Ahndung hegen, oder wohl sich herab=
gewürdigt glauben, wenn sie sich unter diesen Ge=
sichtspunkt gestellt finden.*) Gewiß giebt es für
Menschen, als irdische Wesen schwerlich einen
edleren als diesen, so bald nur die Sache des
Geschlechts nicht abgeschnitten von der Sittlich=
keit, und der sittlichen Bestimmung der ganzen
Gattung betrachtet wird.

Allein besitzt nicht, dürfte man einwenden,
der Mann so manches eigenthümliche Geistes=
talent, dessen Beziehung auf den Zweck der Natur
für die Gattung, man nicht sogleich begreift?
Unstreitig zeichnet ihn vor dem Weibe unter an=

---

*) Der Grund davon liegt darin, daß sie nur an
thierische Wollust denken, von wahrer dauernder Liebe
in ihrem Verderbniß keinen Sinn haben.

dern die Ausbreitung und das Vielbefassende des Blicks seiner Denkkraft aus, die Fähigkeit, bis zu den allgemeinsten Gründen der Dinge und Begebenheiten zurückzugeben, und bis auf die entferntesten feinsten Folgen fortzuschreiten, die Gabe, sein Nachdenken mit ausdauernder Festigkeit auf einen Gegenstand zu heften, sey er auch von noch so großem Umfange, und erfordere auch seine Betrachtung ein noch so angestrengtes tiefes Eindringen, die Gabe endlich, große weitaussehende Plane zu entwerfen.*) Faßt man den Zweck der Natur für die Gattung nur zur Hälfte, so scheinen diese Eigenthümlichkeiten außer Verhältniß mit ihm zu stehen. Allein man kann ihre

_____

*) Es giebt allerdings Frauenzimmer, welche sich durch diese großen Kräfte auch auszeichnen. Allein die Ausbildung derselben ist immer das Werk eines unnatürlichen Interesse, und einer erzwungenen Kunst

Beziehung darauf gar nicht verfehlen, wenn man jenen Zweck in seinem ganzen Umfange übersieht.

Sollte die Fortpflanzung der Gattung einen sichern, und der Gattung würdigen Gang gehen, so mußten die Menschen sich zu dem großen Bunde der bürgerlichen Gesellschaft vereinigen.

Die Natur hat offenbar ihren Plan für die Geschlechter der Menschen auf den Staat angelegt, und dem Manne sein Vermögen mit Hinsicht auf denselben zugemessen. Der Mann sollte den Staat bilden, erhalten und vertheidigen, (dazu mußte er mit jenen Talenten ausgestattet seyn, er bedarf ihrer in dem Maaße immer mehr und mehr, je verwickelter und zusammengesetzter bey den Fortschritten der Civilisirung und Cultur und ihren mannigfaltigen Folgen, die Organisation desselben, und je schwerer aus denselben Gründen die Verwaltung und Ausführung der Geschäfte ist.

Die Frauen, als Erzeugerinnen und Pfle-
gerinnen der aufkeimenden Generationen, sollten
nach dem Plane der Natur durch den Staat ge-
schützt werden, ohne selbst durch bürgerliche
Dienste zu dieser Schützung beyzutragen. Sie
allein, möchte ich sagen, sind als Mütter hülfs-
loser Kinder, Zwecke an sich im Staate, ohne je,
wie die Männer, sich zu Mitteln für den Staat
hingeben zu müssen.

Im Staate allein konnte die Menschheit zur
größten möglichen Aufklärung des Geistes erhoben
werden, in ihm allein konnten Wissenschaften und
Künste die Gipfel ihrer Größe erreichen. Auch
dieß liegt im Plane der Natur, und der Mann,
dem sie das Geschäft übergab, den Staat zu stif-
ten, zu ordnen, zu regieren, zu verwalten, sollte
auch Lehrer der Menschheit seyn, und bekam dazu
aus ihrer wohlthätigen Hand die wesentlich nothwendigen Richtungen und Erhöhungen geistiger
Kräfte.

Die Frauen bedurften dieser Fähigkeiten in
dem Grade nicht, sie würden ihnen vielmehr in
der Sphäre, die ihnen die Natur anwies, scha=
ben. Ihnen genüge der richtige schnelle Blick
einer gesunden Vernunft, die glückliche Feinheit
einer Urtheilskraft, die das Zweckmäßige, wie
im Spiele trift, und das sanfte Feuer einer
Einbildungskraft, die ihnen mit überraschender
Schnelle die möglichen Scenen des Lebens vor=
mahlt. Mit diesen schönen Gaben mögen sie nur
die zarten Sprossen der Menschheit verpflegen,
und mit aller Wärme ihrer Liebe zur vollen
Blüte empor treiben, sie dienen dann eben so treu
der Natur, und haben so viel Verdienst, als der
Mann, wenn er für den Staat kämpft, oder
einen Planeten entdeckt.

Die Natur mußte die Charaktere von Mann
und Weib in wesentlichen Stücken kontrastiren
lassen, allein sie mußte auch diesen Kontrast zu

einer liebenswürdigen Harmonie auflösen, wenn
die große Wirkung ihrer Anordnung zweyer Ge=
schlechter für die Fortpflanzung der Gattung, auf
eine der Menschheit würdige Weise erfolgen sollte.
Und sie hat dieses so bewundernswürdig ausge=
führt, daß ein irrdisches Leben nicht zureicht, um
ihre Größe auch von dieser Seite ganz zu fassen.
Traurig nur, daß durch die Entartung der
Menschheit, so viele Züge ihrer schönen Compo=
sition erloschen, oder doch wenigstens so ver=
blichen sind, daß die glücklichste Phantasie oft
vergebens versucht, sie wieder zu beleben. Ge=
wiß giebt es wenig Männer, die dem ursprüng=
lichen Charakter ihres Geschlechts treu geblieben
wären, wenig Männer von ächter Mann=
heit; aber eben so gewiß auch wenig Weiber,
die die eigenthümlichen Züge ächter Weiblich=
keit unverfälscht darböthen. Für ein der Natur
und Bestimmung seines Geschlechts treu ge=
bliebenes Individuum, giebt es eine Menge

Carrikaturen *) oder wohl gar förmlicher Unwesen, **) ***)

---

*) Eine Geschlechtskarrikatur ist ein Wesen, dessen Denkungsart, Sitten und Gefühle es zweifelhaft machen, ob sie nicht zum andern Geschlechte gehöre. So sind ein weibischer Mann und ein männisches Weib Karrikaturen.

**) Unwesen sind solche, deren Denkungsart, Sitten und Gefühle es zweifelhaft machen, ob sie zu irgend einem Geschlechte gehören, nicht vielleicht ganz unnatürliche Menschen seyn.

***) Die größte Menge findet sich unter den vornehmen Ständen. Unter den Männern zeichnen sich vorzüglich die Gelehrten als Wesen aus, die in Beziehung auf die Geschlechtsverhältnisse meistens verschroben sind.

Wenn Männer und Frauen dem Charakter ihres Geschlechts treu blieben, einander gegenseitig aus dem richtigen Gesichtspunkte beurtheilten, naturgemäß an ihren Gefühlen Theil nähmen, und mit und für einander sympathetisch empfänden: so würden auch die Geschmacksurtheile, die sie über einander fällen, reiner und fester seyn, besonders würde man nicht so viel Schwankendes über den mit, der Schönheit eines männlichen oder weiblichen Kopfs harmonirenden Ausdruck hören müssen.

Was den männlichen Kopf betrift, so wäre es gewiß einer der seltensten Fälle, wenn diese Aufgabe von Männern und Frauen einstimmig beantwortet würde. Meistens sind ihre Entscheidungen darüber diametralisch entgegengesetzt.

In der Gesichtsbildung jedes Menschen kann im Allgemeinen ein dreyfacher Hauptausdruck liegen:

1) Ausdruck von Geist; 2) Ausdruck von Charakter; 3) Ausdruck von Schönheitsgefühl und Geschmack.

Ueber die beyden letztern Ausdrücke in der Gesichtsbildung eines schönen Mannes, lassen sich noch die Stimmen beyder Geschlechter ziemlich vereinigen. Man kann nie zu viel Ankündigung von wahrer Herzensgüte und Geschmack in seiner Gesichtsbildung tragen. Die höchsten Grade davon vertragen sich vollkommen mit dem Gefühle der Schönheit, und es wäre lächerlich zu sagen, dieser Mensch sieht zu gut aus, oder dieser Mensch sieht zu geschmackvoll aus. Wenn man dieß ja mit Grunde sagt, so drückt man Fehler aus, moralische Schwäche oder aesthe:

tische Schwärmerey, Einfalt oder Kleinmeisterey. Allein was den Ausdruck von Geist anbelangt, so sind die Forderungen, welche die Frauen an den Kopf des schönen Mannes machen, von den Forderungen der meisten Männer auffallend verschieden.

Der Geschmack der Frauen ist darüber einstimmig, daß nur eine gewisse Art und nur ein gewisser Grad des Ausdrucks von Geist sich mit der Schönheit des Mannes vertrage, außer dieser Art und diesem Grade aber alle andre die Schönheit entweder zerstöhren, oder doch den Eindruck derselben schwächen. Die meisten Männer hingegen scheinen unter sich einverstanden zu seyn, daß aller Ausdruck von Geist mit der Schönheit des Mannes harmonire, und sich nie zu viel Geist in dem Kopfe des schönen Mannes ausdrücken könne. *)

_____

*) Bey den Urtheilen über den Ausdruck von Geist

Dem unbefangenen Beobachter macht es viel
Vergnügen, die widersprechenden Urtheile bepder
Geschlechter zu bemerken, die aus jener Verschiedenheit der Grundsätze entspringen und auf
die Verhältnisse der Liebe, der Freundschaft und
des geselligen Umgangs einen so ausgebreiteten
Einfluß haben. Die zahllosen Selbsttäuschungen
der Männer in Rücksicht der Wirkung auf das
weibliche Herz, die sie von ihrer Gestalt erwar-
ten, entlocken ihm manches Lächeln und oft wird
es ihm schwer, die Regungen seiner satyrischen
Laune in sich zu verschließen.

————————————————————

in den Köpfen schöner Frauenzimmer befindet es sich
umgekehrt. Kein Frauenzimmer wird es für eine
Erhöhung der Schönheit eines andern halten, wenn
es einen Zug von Tiefsinn oder von Satyre hat.
Allein die Männer sind verschroben genug, wohl gar
solche Ausdrücke von ihnen zu fordern.

Man kann leicht denken, daß die Gelehrten
vorzüglich diejenige Gattung von Männern sind,
welche an das Gefühl und den Geschmack der
Frauen gewöhnlich die Forderung machen, die
Form von männlichen Physiognomieen, in wel=
chen sich ein sehr hoher Grad von Geist aus=
drückt, ebendeßwegen schön zu finden, oder doch
wenigstens von ihrer Lieblingsmeinung abzugeben,
als ob gewisse männliche Physiognomieen eben
durch den Ausdruck von Geist, welcher sie aus=
zeichnet, an Schönheit verlöhren.

„Du bist schön;" so beurtheilt mancher in
geheim seine Gestalt, „denn außerdem daß deine
„Bildung alle übrige Forderungen befriedigt,
„welche der Geschmack an die Form eines Man=
„nes macht, kündigt deine Physiognomie einen
„ganz unverkennbaren hohen Grad von Penetra=
„tion an, man darf dich nur ansehen, um dir
„sogleich Scharfsinn und Tiefe des Denkens zu=

„zutrauen, du mußt weit mehr Eindruck auf
„die Frauen machen, als etwa dieser oder jener,
„welcher bey aller Schönheit seiner Bildung doch
„dieses Ausdrucks ermangelt. Der Geschmack der
„Frauen sagt ihm nicht zu, vielmehr urtheilen
„Alle, die ein natürliches Gefühl haben, er
„würde vielleicht schön seyn, wenn er jenen
„Ausdruck nicht hätte, welcher der Wirkung seiner
„übrigens wohlgefälligen Form schade, der oder
„jener besitze bey einem weit schwächern Aus-
„drucke von Geist eine vollkommen liebenswür-
„dige Bildung."

Es ist ein ungerechter Uebermuth der Män-
ner, wenn sie diese Urtheile der Frauen durch
Machtsprüche niederschlagen wollen, oder wohl
gar, wie es nur zu oft der Fall ist, daraus die
Folgerung ziehen, als müßten die Frauen große
Talente des Geistes nicht zu schätzen. Bey aller
Ehrfurcht für diese Gaben, kann ihnen doch die

Art der Erscheinung davon in der sichtbaren Bil=
dung gleichgültig oder widrig seyn.

Den Grundsätzen gemäß, die ich in einigen
vorhergegangenen Abschnitten vorgetragen habe,
kann ich nicht anders als behaupten, daß das
Urtheil über die Schönheit und vorzüglich den
damit verknüpften Ausdruck in den Gesichtsbil=
dungen von Personen eines Geschlechts dem
andern Geschlechte zukomme. Ich will damit
sagen, daß natürlich gebildete und nicht
entartete Personen des einen Geschlechts am
richtigsten und feinsten, über die Gesichtsbil=
dungen von Personen des andern Geschlechts
urtheilen, und zwar eben sowohl über das an
sich Wohlgefällige der Formen, als auch und
zwar besonders über die Arten und Grade von
geistigen Vollkommenheiten, welche aus den
Zügen ihrer Bildung hervorleuchten. Und unter
dieser gegründeten Voraussetzung habe ich immer
vermuthet, daß die Frauen bey der besondern

Streitfrage, von welcher hier die Rede ist, voll=
kommen Recht haben, und glaube hier um so
mehr eine kleine philosophische Theorie darüber
aufstellen zu dürfen, welche die natürlichen Ge=
fühle jenes Geschlechts rechtfertigt, da dieser
Gegenstand mit den bisher entwickelten Bemer=
kungen nah genug zusammenhängt.

Ich verstehe unter physiognomischem Aus=
drucke von Geist*) Züge der Gesichtsbildung,
welche wir nach einer einstimmigen Erfahrung
als Zeichen gewisser Anlagen und Fertigkeiten

---

*) Daß ich mich hier des Wortes Geist bediene,
wird manchem sehr willkührlich scheinen, und ist es
auch; da ich mich indessen in einer bestimmten Er=
klärung, über meinen Sinn verständlich mache, so
wird wenigstens mein Ausdruck nicht zu Irrthümern
verleiten.

des Vorstellungsvermögens betrachten*), durch welche große Wirkungen zur Erweiterung, Ver-

---

) Daß es solche bezeichnende Gesichtszüge gebe, wird wohl kein unpartheyischer Beobachter leugnen. Nur muß man nicht etwa daraus folgern, daß eine Person, der diese Züge fehlen, jener Vollkommenheiten ermangele, die bey andern durch sie angekündigt werden. Es kann ein Mensch sehr tiefsinnig seyn, ohne in seinem Gesichte einen Ausdruck davon zu tragen. Es ist mit denjenigen Zügen, welche sich auf das Vorstellungsvermögen beziehen, ganz ein andrer Fall, als mit jenen, die den sittlichen Charakter betreffen. Viele von jenen trügen nie, von diesen ist auch nicht einer zuverlässig. Eben dieß scheint ein großer Fehler des von mir höchst bewunderten Lavater), daß er auf den physiognomischen sittlichen Ausdruck so viel hält. Mit den physiognomischen Anzeigen des Ge-

*) Hony soit qui mal y pense! Ich verehre Lavatern wegen seines großen Dichtergeistes, seiner glühenden Phantasie, seiner feinen Beobachtung, und seiner glücklich ahndenden Gefühle. In an-

richtigung und Verfeinerung menschlicher Erkenntnisse möglich sind.

Unter diesen Zügen zeichnen sich vorzüglich aus:

1) Züge, welche Leichtigkeit, Schnellheit und Gewandtheit der Urtheilskraft und Richtigkeit in den Einsichten des Erkenntnißvermögens verrathen; Physiognomie des verständigen Mannes.

2) Züge, welche Gegenwart des Geistes und eine immer zu Gebothe stehende Fassung ausdrücken. Physiognomie des determinirten Mannes.

—————————————————

schmack ist es ein gleicher Fall; es giebt keinen Zug, der die Fähigkeit seiner Beurtheilung des Schönen auch nur irgend sicher ausdrückte.

Beim Hinsichten entferne ich mich so weit als möglich von ihm, eingedenk des Spruchs der, wo ich nicht irre, unter einem Bilde des Paracelsus steht: Ne sis alterius, qui suus esse potest.

3) Züge, welche einen äußerst hohen Grad
von Feinheit der Urtheilskraft im Unter=
scheiden und Vergleichen, verbunden mit
einem gleich hohen Grade von Schnellheit,
ausdrücken; (Physiognomie des feinen,
des scharffinnigen, des witzigen
Mannes.)

4) Züge, welche einen herrschenden Hang ver=
rathen, das Lächerliche zu bemerken und
zu empfinden; (Physiognomie des Mannes
von Sinn für das Komische.)

5) Züge, welche denselben Hang verrathen,
mit dem Ausdrucke einer entschiedenen
Begier, das Lächerliche zu verfolgen, und
den Thoren wehe zu thun; (Physiognomie
des satyrischen Mannes.)

6) Züge, welche ein leichtes und lebhaftes
Spiel der Phantasie bezeichnen, verbunden
mit dem Ausdrucke eines innigen In=
teresse für dieses Spiel; (Physiognomie

H

des feurigen, des schwärmerischen
Mannes.)

7) Züge, welche eine große Anlage, Fertig=
keit und Liebe zum tiefen Denken über
Gegenstände ausdrücken, welche von dem
Kreise der Erfahrung ganz abgelegen sind,
und überhaupt zur Zurückführung aller Er=
kenntnisse auf ihre ersten Gründe; (Phy=
siognomie des tiefsinnigen Mannes.)
Mit diesen Zügen ist allezeit verknüpft
Ausdruck von Versenkung in sich selbst,
Ausdruck von fester Hartnäckigkeit in der
Verfolgung einmahl gefaßter Ideen, ge=
wöhnlich auch Ausdruck von Ueberlegenheit
an Denkkraft über andre Menschen.

Ich hebe nur diese Züge aus, ohne mich auf
die vielfachen Nüancen einzulassen, deren sie
fähig sind.

Ehe ich nun aber diejenigen Bemerkungen
darüber aufstelle, von welchen mir scheint, sie

müssen aus dem Gefühle und Geschmacke aller
Frauen entspringen, welche zu einer unverfälsch=
ten Natürlichkeit in ihren Empfindungen und
Urtheilen gebildet sind, muß ich meine Leser auf
den Begriff der Schönheit in der Gesichtsbildung
des Menschen zurückführen.

Daß es gewisse Gesichtsbildungen gebe, die
man wegen des ganz eigenthümlichen Gefühls,
welches sie erregen, schön nennt, wird wohl
Jedermann eben so gern zugeben, als daß es
schöne Landschaften und schöne Blumen giebt.
Wir nennen aber eine Gesichtsbildung schön,
wenn die Zeichnung und Zusammensetzung ihrer
Theile, ein unmittelbares, und zugleich der
in ihnen enthaltene Ausdruck von moralischer
Vollkommenheit ein mittelbares reines Ver=
gnügen erregen. So wie ich einen schönen Kopf
ansehe, muß die bloße Conformation seiner
Theile mich schon angenehm rühren, und sie
würde es, wenn ich auch nicht wüßte, was ein

Kopf ist. Da ich aber sogleich diesen Kopf als
den Kopf eines Menschen denke, da der Augen-
schein mich lehrt, daß in einer Physiognomie sich
moralische Anlagen, Vollkommenheiten und Un-
vollkommenheiten ausdrücken können, so fordre
ich, um ein ganz reines vollkommnes Vergnügen
an seiner Form zu finden, daß sich in ihm sittliche Liebenswürdigkeit ausdrücke, treffe ich diesen Ausdruck, bey allen übrigen Erfordernissen
der Schönheit, so ist mein Geschmack und meine
Vernunft befriedigt.

Der Gemüthszustand, in welchen mich das
Anschauen eines solchen Kopfs versetzt, hat das
Charakteristische, 1) daß meine Seelenkräfte
durch die Betrachtung der Gestalt, ohne ihr Zuthun
in ein leichtes und harmonisches Spiel versetzt
werden; 2) daß ich von einem Gefühle der Achtung für das Wesen, welchem die Gestalt zu-
kommt, erfüllt werde; 3) daß durch beydes in
mir ein reines Gefühl des Vergnügens an der

Form und der Liebe zu ihr entsteht. Der schöne Kopf versetzt den Betrachter allezeit in einen gewissen Zustand von Schwärmerey; er kann nicht bey demselben verweilen, ohne im Gefühle der Rührung, welche die Form unmittelbar und mittelbar durch ihren sittlichen Ausdruck bewirkt, seiner selbst zu vergessen.

So wie Mann und Weib verschiedene Bestimmungen haben, auf welche sich ihr Leben in der Sphäre dieser Welt bezieht, so ist auch jedem eine gewisse besondre sittliche Liebenswürdigkeit des Charakters eigen, die sich in jedem schönen Kopfe des einen und des andern ausdrücken muß.

Der Ausdruck sittlicher Liebenswürdigkeit in dem Kopfe des Mannes besteht in einer solchen Verbindung des Ausdrucks von Stärke, Muth, und Gegenwart des Geistes, mit dem Ausdrucke theilnehmender Empfindung und veredelter Geschlechtsneigung zu den Frauen, bey welchen sich

der Mann, ohne von seinem Charakter und sei=
ner Würde zu verlieren, dem Weibe möglichst
annähert. *) Der moralische Ausdruck des schö=
nen Kopfs des Mannes verspricht also im vol=
len Sinne des Wortes einen Mann, aber einen
Mann, in deffen Seele sich alle Eigenschaften,
die ihm nach dem Zwecke der Natur für die
Fortpflanzung des Menschengeschlechts eigen seyn
müssen, mit der zartesten Sympathie für das
weibliche Geschlecht vereinigen. **) Einem solchen

---

*) Von einem gleichen Prinzip hängt die Beur=
theilung des zur Schönheit gehörigen Ausdrucks von
Geist in einer weiblichen Gesichtsbildung ab. Ich werde
nur beyläufig davon reden.

**) Schwerlich wird auch ein Weib das Gesicht eines
Mannes schön nennen, wenn sich mit dem Charakter
der Mannheit nicht auch die Sympathie für Weiblich=
keit ausdrückt. Derselbe Fall ist es bey den Urtheilen

schönen Kopfe kann eine gewisse Nüance von
Weiblichkeit gar nicht fehlen, welche aber dem
herrschenden Ausdrucke von Männlichkeit eben so
wenig schadet, als in seiner Seele diese Männ=
lichkeit selbst, durch die damit verknüpfte Anlage,
sich mit Zärtlichkeit dem Weibe hinzugeben, ein=
geschränkt wird. Der schöne Kopf verräth auch
allezeit eine in der Seele des Mannes herr=
schende Stimmung für die Liebe, wodurch ich aber
keinesweges weder Wollust noch Verlieb=
samkeit*) verstanden wissen will, welche sich

---

des männlichen Geschlechts über Schönheit ter Frauen.
S. die vorigen Abschnitte.

*) Die erste verräth rohe Thierheit, die zweyte
eine Schwäche, die jeden Mann verächtlich macht.
Ich meyne aber unter Verliebsamkeit, den herrschenden
Hang zur Adoration einer jeden reizenden Person, auf
die man im Laufe des Lebens stößt. Verliebt

mit der Schönheit der Form eines männlichen Kopfs nicht vertragen.

Der schöne Kopf eines Mannes muß allem bisher Gesagten zu Folge, ganz vorzüglich auf Geschmack und Herz der Frauen wirken, sie müssen durch Betrachtung desselben in den Zustand einer sanften Entzückung versetzt werden, deren Reiz sie unwillführlich an die Gestalt fesselt.

Der Zustand dieser Entzückung hat alles das Charakteristische, was ich nur eben im Vorigen als Wirkung des Anblicks eines schönen Menschenkopfs angegeben habe. Er hat aber außerdem noch Eigenthümlichkeiten, die aus dem Verhältnisse entspringen, in welchem sich der Natur zu Folge das Weib gegen den Mann denken muß. Die vorzüglichste darunter ist: ein freyes Spiel

---

seyn, ist für keinen Menschen etwas Beschämendes. Aber verliebsam zu seyn, ist unter unserer Würde.

der weiblichen Phantasie, unter Bildern von Zügen und Handlungen einer liebenswürdigen männlichen Seele. Nicht jede männliche Seele, welche tugendhaft ist, ist darum auch liebenswürdig; liebenswürdig ist sie dann, wenn ihre Kräfte in einer solchen Harmonie erscheinen, daß man ihre freye und gar keines äußern Antriebes bedürfende Stimmung für die edelsten Handlungen leicht und einfach anerkennt.

Wenn dieses Wahrheiten sind, die keiner, der der menschlichen Seele kundig ist, leugnen kann, so läßt sich ohne Spitzfindigkeit entscheiden, inwiefern folgende Urtheile als allgemein geltend, unter dem bessern Theile des andern Geschlechts angenommen werden können:

1) In der Gesichtsbildung des schönen Mannes muß sich Geist ausdrücken. Kein geistloser Kopf ist schön. Ich will damit sagen, ein Kopf, welcher offenbar Mangel an

aller Vollkommenheit des Vorstellungsver=
mögens ausdrückt, ist nicht schön. Einige
Erläuterung darüber im Folgenden.

2) Nicht alle Ausdrücke von Geist vertragen
sich mit der Schönheit der Gesichtsbildung
des Mannes, einige vernichten ihre Wir=
kung, einige schränken sie ein. Gewisse
Ausdrücke gehören wesentlich zur Schön=
heit der Gesichtsbildung eines Mannes,
oder tragen wohl mit zu ihrer Erhöhung
noch bey.

1) Der physiognomische Zug des deter=
minirten Mannes, stöhrt die Wir=
kung der Schönheit eines männlichen
Kopfs.

Der sichtbar determinirte Mann
drückt mehr aus als Gegenwart des
Geistes, nämlich er drückt nicht bloß die

Fähigkeit aus, in jedem vorkommenden
Falle Entschlüsse zu fassen, sondern auch
eine außerordentliche Kraft sie festzuhalten
und durchzusetzen, nicht ohne einen hohen
Grad von Egoism. Der Anblick dieses
physiognomischen Zuges versetzt uns in eine
Gemüthsstimmung, welche das, dem Schön=
heitsgefühle wesentliche leichte Spiel auf=
hebt. Er ist in einem gewissen Grade
furchtbar, und moralisch zweydeutig. Wir
können also eine Form, an welcher sich die=
ser Zug findet, nicht mit reiner Freude
und Liebe anschauen.

2) der physiognomische Zug des feinen, des
witzigen Mannes ebenfalls.

Ich kann das Gesicht eines Mannes,
welches Feinheit und Witz ankündigt, nicht
betrachten, ohne in diesem Augenblicke
mich bis auf einen gewissen Grad in die

Geistesthätigkeiten hineinzudenken, aus
welcher jene Vollkommenheiten bestehen.
Diese Stimmung aber harmonirt nicht mit
jenem leichten und leidentlichen Spiele
der Gemüthskräfte, welches beym Genusse
der Schönheit ungestöhrt und rein empfun=
den werden muß. Dann grenzt der Aus=
druck von Feinheit und Witz an den Aus=
druck von List, und macht eben dadurch
den moralischen Charakter des Kopfs
zweydeutig, welcher, wenn er schön seyn
soll, Offenheit, Geradheit und Einfalt der
Gesinnung ausdrücken muß. Obwohl die
Verhältnisse der Menschen gegen einander
einen gewissen Grad von List beynahe noth=
wendig gemacht haben, so bleibt dennoch
unter den Menschen Offenheit und Gerad=
heit der Gesinnung in unveränderter Ach=
tung, und List des Menschen gegen den
Menschen ist dem Gefühle unerträglich.

Selbst eine unschädliche List ist jederzeit gewissermaaßen widrig. *)

3) nicht minder der physiognomische Zug des Mannes von herrschendem Sinne für das Komische.

Der Ausdruck eines herrschenden Sinnes für das Komische, ist selbst komisch,

---

*) Der Ausdruck von List in einem Kopfe ist eben deßhalb unangenehm. Ist er stark und grenzt an das Bösartige, so erregt er Mißtrauen und Furcht, ist er dem Scheine nach unschuldig, so fordert er den Beobachter doch zu einer Wachsamkeit auf, die er lieber nicht hätte. Der schwächste Ausdruck von List ist der Zug, den wir mit dem Worte pfiffig bezeichnen. Sieht ein Mann übrigens noch so schön, zugleich aber pfiffig aus, so können wir an seiner Form reine Freude nicht fühlen. Auch hierin sind die Frauen von zarterm Gefühle, als die Männer. Sie fordern von dem Manne, als eine Pflicht, die ihm die Natur aufge-

und verträgt sich schon in sofern nicht mit
der Gemüthsstimmung, welche bey Be=
trachtung einer schönen Form Statt findet.
Dann liegt in jenem Ausdrucke allezeit
etwas egoistisches, wohl gar ein gewisser
Uebermuth gegen andre Menschen, und
dieß schadet dem Ausdrucke sittlicher Lie=
benswürdigkeit, welcher wesentlich zur
Schönheit gehört. Ueberdieß hat der Aus=
druck eines herrschenden Sinnes für das
Komische, gewissermaaßen für den Beobach=
ter etwas furchtbares. Wenn der Kopf
eines Menschen mir ankündigt, daß er
immer bereit ist zu lachen, wer bürgt
mir dafür, daß er nicht über alles lacht,

---

legt hat, gerade und offene Gesinnung gegen das
andre Geschlecht, und so listig sie selbst sind, so kön=
nen sie doch dem Manne die List nimmermehr ver=
zeihen.

daß er nicht sein Kurzweil mit dem treibt, was mir das Heiligste ist?*)

Beyläufig bemerke ich, daß bey jun=gen Frauenzimmern ein andrer Fall ist. In ihren schönen Gesichtsbildungen kann viel Sinn für das Komische liegen, weil sie dadurch ein Ansehen von Schalkhaftig=

---

*) Das ächte Komische ist unschuldig, sogar liebens=würdig, aber nicht der Hang beständig zu lachen, und alles von der lächerlichen Seite anzusehen. So kann niemand auch Wohlgefallen an einem Kopfe haben, der ein ewiges Lachen und Streben nach dem Lächer=lichen ausdrückt. Selten wird man auch finden, daß wahre Comiker einen solchen habitus im Gesichte aus=drücken, sie sehen gewöhnlich sehr ernsthaft aus, wäh=rend diejenigen in der Regel bösartige Menschen sind, deren Physiognomieen nie zu lachen aufhören. Ueber die Unschuldigkeit des wahren Komischen habe ich ge=handelt in meinen: Grundsätzen der Kritik des Lächerlichen, Leipzig 1797. 8.

128

keit bekommen, welches, gemäßigt und
edel, sich mit der Schönheit verträgt.
(Ein schalkhafter Jüngling oder Mann ist
verächtlich; auch deßhalb paßt der Ausdruck eines herrschenden Hangs, das Lächerliche zu finden, nicht für die Köpfe unsers
Geschlechts.) Indessen wendet sich das
Blatt in ihren spätern Jahren, wo Schalkhaftigkeit sie selbst lächerlich macht; dann
müssen sie jenen Ausdruck so viel als
möglich unterdrücken;*) denn was ist lä-
cherlicher, als ein lächerliches Wesen,
welches sich selbst zugleich anmaßt, über
alles zu lachen.

---

*) Ueberhaupt müssen Frauenzimmer sich hüten, einen
bleibenden Charakterzug, selbst der unschuldigsten
Schalkhaftigkeit anzunehmen. Er kleidet sie als Ma-
tronen übel, am übelsten als Greisinnen.

4) Der physiognomische Zug des satyrischen Mannes verträgt sich eben so wenig mit der Schönheit. Der physiognomische Zug des lachend-satyrischen Mannes schränkt die Wirkung derselben ein, der des bitter-satyrischen Mannes hebt sie ganz auf; der des beißend-satyrischen Mannes verursacht Abscheu.

Der Satyriker kann ein höchst edler Mensch seyn, allein der physiognomische Ausdruck der satyrischen Laune ist mit den übrigen Erfordernissen eines schönen Kopfes unverträglich. Ist man sich auch noch so sehr bewußt von Thorheiten frey zu seyn, so hat dennoch für Jeden ein Wesen etwas furchtbares, welches es sich zum Geschäfte zu machen scheint, Schwächen seiner Mit-wesen aufzusuchen. Ueberdem führt der physiognomische Ausdruck der satyrischen Laune, jederzeit etwas Egoistisches mit

J

ſich, und fällt zuſammen mit dem Ausdrucke der Liſt und der Schadenfreude.
Sehr natürlich, daß der Ausdruck lachend-
ſatyriſcher Laune die Wirkung der Schönheit nicht in dem Grade hindert, als jener der bitter-ſatyriſchen Laune. Dieſer
Ausdruck vernichtet in dem Betrachtenden
jenes leichte Spiel der Gemüthskräfte,
welches die ſchöne Form an ſich bewirken
würde; er kann ihn nicht faſſen, ohne ſich
den ernſten Haß eines Menſchen gegen die
Thorheit, und die Richtung aller ſeiner
Kräfte auf den Zweck der Verfolgung und
Vernichtung derſelben lebhaft vorzuſtellen,
und mit dieſer Vorſtellung iſt ihrer Natur
nach, Anſtrengung und Ernſt verknüpft.
Dann iſt der phyſiognomiſche Zug der bitter-ſatyriſchen Laune im höchſten Grade
egoiſtiſch, und macht allen Ausdruck theil-
nehmenden Gefühls unmöglich; ja er fällt

zusammen mit dem Ausdrucke einer entschiedenen Bosheit, eines auf den Zeit-
punkt seines Ausbruchs laurenden Grolls
und andrer menschenfeindlicher Leidenschaften. *) ⸺

5) Der physiognomische Zug des tiefsinnigen
Mannes zerstöhrt die Wirkung der Schönheit.

---

*) Nämlich es drückt sich in der charakteristischen
Physiognomie des bitter-satyrischen Mannes im Auge-
meinen zwar bittrer Unmuth, entschiedener Haß und
immer rege Verfolgung von etwas aus; daß aber dieses Etwas das Laster sey, bleibt unentschieden. Könnte
dieß zugleich physiognomisch bezeichnet werden, so würde
jene Physiognomie tiefe Achtung einflößen, sich aber
deßhalb doch nicht mit den übrigen Zügen zu einem
schönen Ganzen vereinigen. Die Achtung würde den
Charakter betreffen, aber die Gesichtsbildung keine Liebe
bewirken.

Hätte ein männlicher Kopf auch alle
übrige Erforderniſſe der Schönheit, jener
Ausdruck würde ſie kraftlos machen. Nämlich er verſetzt den Betrachter unwillführlich in einen gewiſſen Grad von Stimmung zum Tiefſinne, und beſtimmt ihn,
ſich, wenn auch nur dunkel, die Geiſtes-
operationen vorzuſtellen, welche zum tief-
ſinnigen Denker gehören. — Man nehme
nur Portraits von Philoſophen vor ſich,
welche wahren Tiefſinn ausdrücken, um
ſich zu überzeugen, daß, ſo wie man ſei-
nen Blick darauf heftet, die ganze Seele
eine neue Stimmung bekommt, welche
auf Tiefe des Denkens hingeht. Je mehr
man bey ihnen verweilt, um ſo determi-
nirter wird dieſe Stimmung. — Iſt nun
auch übrigens die Form der Geſichtsbildung ganz ſo, um den Betrachter in den
Gemüthszuſtand eines leichten Spiels der

vorstellenden Kräfte zu versetzen, so kann
dennoch dieserwegen die Wirkung jenes
Zuges nicht eintreten, oder doch nicht un=
unterbrochen fortdauern. Was aber noch
weit mehr über die Unverträglichkeit des
physiognomischen Ausdrucks von Tiefsinn
mit der Schönheit entscheidet, ist, daß
jener Ausdruck beynahe jederzeit mit dem
Ausdrucke eines über seinen individuellen
Planen brütenden Egoismus, einer ver=
schlossenen Tücke, einer gänzlichen Erstor=
benheit aller Leidenschaften und Gefühle,
einer kalten Herrschaft des Geistes über
alle andre Geister zusammen fällt.*) Miß=

---

*) Wenn man einen Physiognomisten schlechthin
wahre (d. h. nicht geschmeichelte und beredelte) Por=
traits tiefdenkender spekulativer Philosophen, ohne Rah=
men vorzeigte, um von ihm zu erfahren, was es für

trauen und Furcht sind also sehr natürlich
die gewöhnlichen Empfindungen, welche
der Anblick eines Tiefsinn ausdrückenden
Gesichtes den meisten Menschen mittheilt;
Empfindungen, welche gerade das Wider=
spiel jener sind, welche schöne Formen
bewirken.

Ich könnte noch mehrere nicht uninteressante
Fälle auszeichnen, welche die Wahrheit bestäti=
gen, daß gewisse Ausdrücke von Geist die Schön=
heit einer männlichen Gesichtsbildung aufheben,
oder einschränken, ich könnte zeigen, daß z. B.
der Ausdruck eines kalten Forschens nach Wahr=
heit, einer überstrengen systematischen Ordnung,
oder kritischen Genauigkeit im Denken u. a. mit

_____

eine Art Menschen sey, so würde es gewiß bey den
meisten auf die Idee gerathen, es seyen heimliche
Gauner oder Spione.

den Zügen reiner Schönheit in männlichen Köpfen nicht vereinbar sind. Allein es genügt an der Entwickelung jener Beyspiele, um desto lebhafter davon überzeugt zu seyn, daß Ausdrücke von Geist, welche die angenehme Wirkung der harmonischen Conformation der Theile des Gesichts, welche an sich ge= fallen soll, vernichten oder doch stöhren, den zur Schönheit eines männlichen Kopfs nothwendigen moralischen Aus= druck aufheben, oder beschränken, oder zweydeutig machen, dem andern Ge= schlechte mit gutem Grunde mißfallen, und daß es etwas widersinniges sey, sich die Schönheit eines männlichen Kopfs, als eine Vereinigung anziehen= der und zurückstoßender Züge zu den= ken. — —

Ich gehe nun zu den Fragen über: 1) wel= cher Ausdruck von Geist in keiner schönen Ge=

sichtsbildung des Mannes fehlen dürfe, und 2) welche Ausdrücke den Reiz der Schönheit in einer solchen vorzüglich erhöhen.

Ich zeichne, um diese Fragen zu beantworten, folgende Urtheile aus, von denen ich glaube, daß alle natürlich gebildete und mit einem wohlgestimmten feinem Gefühle begabte Frauen darin zusammenstimmen:

1) Ausdruck von Geist muß sich in jedem männlichen Kopfe finden, der schön seyn soll, und es ist ein allgemeines Erforderniß, daß sich in jedem wenigstens Leichtigkeit, Lebhaftigkeit und Schnelligkeit der Vorstellkraft ausdrücken; ohne diesen Ausdruck würde kein Kopf schön seyn.

Es erhöht die Wirkung der Schönheit:

a) Ausdruck des Umfangs der Vorstellkraft, die Größe des geistigen Blicks, wenn ich so sagen darf, verbunden mit dem vorigen Ausdrucke.

b) Ausdruck eines leichten und lebhaften Spiels
der Phantasie, Ausdruck von einem, jedoch
nicht milden Feuer.

c) Ausdruck einer gewissen Schwärmerey, die
sich jedoch eben so wenig in eine herr=
schende Abwesenheit verlieren, als den
Mangel aller Herrschaft über sich selbst
und leidenschaftliche Empörungen des Ge=
müths ankündigen darf.

Folgendes zur Erläuterung und Bewährung
dieser Behauptungen:

Daß ein männlicher Kopf bey der vollkom=
mensten Conformation der Theile nicht schön sey,
wenn er Geistlosigkeit verräth, ist bereits be=
merkt worden, und bedarf keiner weitläuftigen
Beweisführung.*) Erstlich erregt der Ausdruck

---

*) Es ist ganz widersinnig, wenn man zuweilen
sagt, die schönsten Gesichter sähen zugleich einfältig

von Geiſtloſigkeit Widerwillen, Mitleid, Ver=
achtung, ſpottenden Uebermuth, alles Affekten,
die ſich mit den Grundzügen der Schönheit und
der angenehmen Wirkung einer vollkommenen
Conformation der Theile nicht vertragen. Dann
wird auch der moraliſche Ausdruck des Kopfs
durch den beygefügten Ausdruck von Dummheit
lächerlich. Ein guter Wille, von dem man voraus
ſieht, er werde alles verkehrt anfangen, und ſei=
nen eignen Zwecken entgegen arbeiten, erregt das
Gefühl des Komiſchen unausbleiblich, und dieſes
iſt keiner harmoniſchen Vereinigung mit dem Gefühle des Schönen fähig. Es muß alſo der ſchöne
Kopf des Mannes eine gewiſſe Vollkommenheit

---

aus. Man meynt, Geſichter von ganz richtiger Con=
formation der Theile (Normalgeſichter) drücken zugleich
gänzliche Geiſtloſigkeit aus. Allein ſolche Geſichter ſind
noch keine ſchönen.

der Vorstellkraft ausdrücken. — Nun fragt sich, welche dieses sey? — Unstreitig muß derjenige Ausdruck von Vollkommenheit der Vorstellkraft, der sich mit der schönen Gestalt eines männlichen Kopfs vertragen soll, so beschaffen seyn, daß er den Gemüthszustand, in welchen die Betrachtung desselben versetzt, weder aufhebe noch einschränke. Dieser Gemüthszustand ist der Zustand eines leichten harmonischen, und eben deßhalb mit reiner Lust verknüpften Spiels der geistigen Kräfte, und enthält zugleich reine Freude an der Liebenswürdigkeit einer männlichen Seele, deren Vorstellung dem betrachtenden Wesen aus der Form gleichsam entgegenschwebt.

Der Kopf des schönen Mannes muß auf jeden Fall Leichtigkeit, Lebhaftigkeit und Schnelligkeit der Vorstellungskraft ausdrücken; denn die entgegengesetzten Ausdrücke stöhren den Gemüthszustand, welcher die eigenthümliche Wirkung der Schönheit ist. Einerseits hemmen sie

das leichte Spiel der Gemüthskräfte des Be-
trachters, anbrerseits schwächen sie den moralischen Ausdruck des schönen Kopfs, und die bey
dem Anblicke besselben zu fühlende Achtung gegen
das Wesen. Der sichtbare Ausdruck eines schwer-
fälligen, matten und trägen Geistes, theilt dem
Betrachtenden selbst in diesem Augenblicke gewissermaaßen diesen Charakter mit, oder flößt
ihm einen gewissen Widerwillen ein. *) Und

---

*) Ich muß hier eine Bemerkung nachholen, die
für diese ganze Untersuchung wichtig ist, daß wir nämlich keinen physiognomischen Ausdruck besonderer Be-
schaffenheiten, Fertigkeiten und Richtungen des Erkenntnißvermögens eines Menschen anschauen können, ohne
in diesem Augenblicke sie bis auf einen gewissen Grad
selbst anzunehmen, oder doch wenigstens uns dieselben
mit einer gewissen Lebhaftigkeit einzubilden. Dieß geschieht unwillkührlich und in dem Verhältnisse mehr
oder weniger, je mehr oder weniger die Beschaffenheit,

gegen die moralische Güte eines Menschen werden wir in einem gewissen Grade mißtrauisch,
wenn wir in ihm auch sogar dasjenige Maaß
von Vollkommenheit des Erkenntnißvermögens
vermissen, ohne welches sich moralische Güte gar
nicht zweckmäßig äußern kann. . . .

2) Der Ausdruck von Größe, von Umfang
des geistigen Blicks, mit dem Ausdrucke der
Leichtigkeit, Lebhaftigkeit und Schnelligkeit der
Vorstellkraft verbunden, muß die Wirkung der

welche sich ausdrückt, wichtig und der Ausdruck selbst
auffallend ist. Warum ist in einem fröhlichen Zirkel der
Anblick eines Mannes, in welchem sich ein herrschender Geist des speculativen Denkens ausdrückt, immer
lästig? Nur deßhalb, weil er die frohe Stimmung
eines Jeden, der ihn betrachtet, wenigstens auf einen
Augenblick unterbricht, und selbst den geistlosesten Ge-
sellschafter zwingt, auf eine kleine Weile zur Unzeit
und invita minerva tiefsinnig zu werden. . . . . .

Schönheit erhöhen; denn außerdem, daß jener
Ausdruck das leichte Spiel der Gemüthskräfte
des Betrachtenden nicht stöhrt, gewinnt dadurch
der Ausdruck der moralischen Liebenswürdigkeit
des Mannes ungemein.*)

3. Der Ausdruck eines leichten und lebhaf=
ten Spiels der Phantasie erhöht ebenfalls in
jeder Rücksicht die Wirkung eines schönen männ=
lichen Kopfs. Erstlich harmonirt jener Ausdruck

---

*) Den Frauen ziemt dieser Zug nicht, ich will
sagen, er nimmt sich in der weiblichen Gestalt nicht
gut aus. Charakteristischer für sie ist eine angenehme
edle und geistreiche Beschränkung des Blicks auf die
Sphäre ihrer Weiblichkeit. Ein Frauenzimmer von
vielbefassendem Blicke, welcher einen weitverbreitenden
Geist ankündigt, spielt in das Männergeschlecht, und
ist insofern Karrikatur, wie es gegenseitig der Mann
ist, dessen niedliche Blicke unabläßig Eingriffe in die
Sphäre der Weiblichkeit drohen.

und die dadurch in dem Betrachtenden erfolgende
Stimmung vollkommen mit dem, durch die schöne
Form selbst entstehenden Spiele seiner Gemüths=
kräfte, dann wird auch dadurch der moralische
Ausdruck um vieles erhöht. Sittliche Güte kann
sich, wenn sie von einer lebhaften Phantasie
unterstützt wird, vorzüglich in Beziehung auf
das andre Geschlecht, um so liebenswürdiger
äußern. Die Geschlechtssympathie steht in sehr
nahem Bunde mit der Phantasie, und die süße=
sten Reize der Liebe zwischen beyden Geschlech=
tern rühren von ihr her.

4) Dieß gilt, und gilt noch weit mehr von
dem Ausdrucke der Schwärmerey, welche nur
ein besonders hoher Grad von Selbstthätigkeit
der Phantasie ist, verbunden mit einem herr=
schenden Hange sich ihren Bildern hinzugeben.
Der Ausdruck des Schwärmerischen interessirt
vorzüglich, weil er dem Betrachtenden selbst eine,
wenn auch noch so flüchtige Stimmung zu jenem

angenehmen Gemüthszustande mittheilt, und der
Zug von Liebe, der mit ihm verknüpft ist, nahe
mit dem Ausdrucke einer feinen Sympathie verwandt ist. Oft führt auch der Anblick des
schwärmerischen Ausdrucks einen gewissen sanften
Reiz des Geheimnißvollen mit sich, welcher
außerordentlich anzieht. Der Betrachtende ahn-
det in der Seele desjenigen Wesens, welches
mit jenem Ausdrucke erscheint, einen Reichthum
schöner und interessanter Bilder und Gefühle.

Allein wenn der Ausdruck dieser Schwärmerey
sich in herrschender Abwesenheit des Geistes verliert, so stöhrt er die Wirkung der Schönheit;
denn erstlich versetzt der Anblick dieses Ausdrucks
den Betrachtenden in eine Stimmung der Gemüthskräfte, die das leichte Spiel derselben
hemmt, er kann ihn nicht ansehen, ohne sich unwillführlich gedrungen zu fühlen, sich in den Zustand eines solchen Geistes hineinzudenken, wel-

ches mit Anstrengung verbunden ist. Dann stört
auch dieser Ausdruck den moralischen Ausdruck des
schönen Kopfes und seiner Wirkung auf den Betrachtenden. Einmahl hat jener Ausdruck etwas
Egoistisches, grenzt an Selbstsucht und Mangel
an Sympathie; *) dann trauen wir auch einem
Geiste, der einer solchen Abwesenheit fähig ist,
nicht diejenige Herrschaft über sich selbst zu,

---

*) Ueberhaupt hört jede Gesichtsbildung auf liebens-
würdig zu seyn, welche einen Geist ankündigt, dessen
herrschender Hang es ist, sich über die wirkliche Welt
zu erheben, um in der Sphäre des Möglichen ein-
heimisch zu werden. Unser Gefühl fordert von einem
Menschen, der unserm Herzen werth seyn soll, daß
ihn die Welt, die uns umgiebt, interessire; ist es
einem Menschen habituell, sich der Vorstellung derselben zu entziehen, so gehört er in eine andre Welt,
unser Gefühl erkennt in ihm keinen Menschen, wir
fühlen uns nicht mit ihm verwandt.

K

welche zur sittlichen Güte gehört. Ist vollends
der Ausdruck von Schwärmerey so beschaffen,
daß er leidenschaftliche Empörungen des Gemüths
ankündigt, so vernichtet er beynahe alle Wirkung
der Schönheit. Der Betrachtende wird durch
ihn unfähig gemacht, dasjenige leichte Spiel der
Gemüthskräfte zu unterhalten, welches außer=
dem die Form bewirken würde. Dann verliert
offenbar dadurch der Ausdruck der moralischen
Liebenswürdigkeit des Mannes.

So lange der Schwärmerische uns nur als
ein Wesen erscheint, welches seine Reverieen un=
terhält und liebt, kann er uns liebenswürdig
seyn; so bald wir aber ahnden müssen, er sey
fähig, auch nach ihnen zu handeln und zwar lei=
denschaftlich zu handeln, so wird er uns gewis=
sermaaßen furchtbar. Ueberdem grenzt auch der
physiognomische Zug dieses Grades von Schwär=
merey an den physiognomischen Zug der Ver=
rückung.

Daß übrigens die Frauen die Wirkungen
des physiognomischen Ausdrucks einer so aus=
schweifenden Schwärmerey im Kopfe eines Man=
nes weit empfindlicher fühlen, als die Männer,
läßt sich leicht begreifen. Im Allgemeinen hängt
ihr Herz mehr an der wirklichen Welt, als das
der Männer, und ihre Bestimmung bringt es
mit sich, daß sie einen regen und wachen Sinn
für die Gegenwart haben, und sich auch für
kleine unbedeutend scheinende Verhältnisse der=
selben mit einer gewissen Lebhaftigkeit interessi=
ren. Sie können eine ganz gleiche Anhänglich=
keit an Welt und Gegenwart vom Manne nicht
fordern; allein eben so wenig kann sie einen
Mann anziehen, dessen Gesichtsbildung einen
kalten, einsam in sich verlohrnen Fremdling in
der wirklichen Welt ankündigt. Sie ahnden,
daß ein Mann von solcher Geistesstimmung kein
Weib durch innige Theilnahme und Gemeinschaft
der Herzen befriedigen könne; ihr Gefühl verur=

theilt ihn alſo als ein entartetes Kind der Na=
tur. Sie ſind dazu vollkommen befugt. Denn
mit Recht legen ſie ihrem Urtheile über die
Männer, als Maaßſtab, die Frage unter: ob
und in wiefern wohl ein Weib durch innige phy=
ſiſche und ſittliche Gemeinſchaft mit dieſem oder
jenem Manne glücklich ſeyn könne oder nicht.
Und dieſes Prinzip ſchwebt ihnen auch, obwohl
oft nur dunkel vor, wenn ſie über die Form
einer männlichen Geſichtsbildung urtheilen.

Ich ziehe allem bisher Geſagten zu Folge
das Reſultat: Wenn natürlich gebildete und mit
einem wohlgeſtimmten feinem Gefühle begabte
Frauen über die Ausdrücke von Geiſt, welche
zur Schönheit eines männlichen Kopfs weſent=
lich gehören, und über jene, die ſie erhöhen,
urtheilen, ſo liegt ihren Urtheilen die Idee der
Geſchlechtsbeſtimmung des Mannes zum Grunde,
und ihr allgemeines Prinzip kann kein andres
ſeyn, als das: Je mehr eine gewiſſe

Vollkommenheit des Geistes dazu bey=
trägt, den Mann im höchsten Grade
fähig zu machen, seine höhern Pflich=
ten gegen unser Geschlecht auf eine
leichte, glückliche und liebenswürdi=
gere Weise zu realisiren; um so voll=
kommner harmonirt der physiogno=
mische Zug, der sie ausdrückt, mit den
übrigen Erfordernissen zu einer schö=
nen Gesichtsbildung.

Dieses Prinzip wird schwerlich ein gleich
natürlich gebildeter Mann in Anspruch nehmen.
Ueberzeugt davon, daß beyde Geschlechter für
einander da sind, und ein Geschlecht das andre
durchaus auf sich beziehen muß, um richtig
darüber zu urtheilen, wird er den Frauen die
entscheidende Stimme über jenes Problem sehr
gern zugestehen, und die seinige der ihrigen
unterwerfen.

Es giebt indessen noch einige andere Ursachen, weßhalb Frauen ein feineres und reiz-
bareres Gefühl für die Harmonie und Dißhar-
monie physiognomischer Ausdrücke von Geist mit
der Schönheit in den Köpfen der Männer besitzen, als die Männer selbst. Die Frauen sind
überhaupt von Natur fähiger, als wir, die Wirkung des Schönen rein aufzufassen, und jene
sanfte Stimmung zu einer geistvollen Ruhe zu
unterhalten, die damit verknüpft ist. Der Mann
ist gewöhnlich entweder zu kalt oder zu feurig,
um diese Situation in sich entstehen zu lassen,
oder sie ununterbrochen und nicht verunreinigt
fortzusetzen. Dann hängen die Frauen auch weit
mehr von ihren bloßen Gefühlen ab, während
die Männer gewöhnlich dem Gefühle durch Ideen
zuvorkommen. Dieß hat Einfluß auf die Beurtheilung der Formen. Die Frauen finden gewisse physiognomische Züge an übrigens wohlge-
bildeten Köpfen widrig, weil sie sich bloß dem

Eindrucke derselben hingeben, und sich die Vorstellungen dunkel oder doch nur klar vorschweben
lassen, die die Züge erregen. Die Männer fassen sie gewöhnlich zugleich mit der vollen Selbstthätigkeit ihrer Denkkraft auf, und unterdrücken
durch Räsonnement das unangenehme Gefühl,
welches sie außerdem erregen würden. Die Urtheile der Frauen sind aus diesen Ursachen in
den meisten Fällen wahrer und reiner als die
der Männer.

Es dürfte für den Erzieher eine nicht ganz
unwichtige Frage seyn: ob man wohlthue, den
Sinn der Mädchen für Schönheit männlicher
Formen zu einer solchen Reinheit und Zartheit
zu bilden, welche durch jeden Zug gereizt wird,
welcher mit dem Gefühle der Schönheit nicht
harmonirt, ob es nicht vielleicht heilsamer sey,
der Verfeinerung jenes Sinnes entgegen zu arbeiten? — Was die Natur ursprünglich in den
Geist und das Herz eines Mädchens gelegt hat,

entwickelt sich von selbst, und eine weise Erziehung muß die Ausbildung davon befördern; die
Unterdrückung einer wesentlichen Anlage des
weiblichen Charakters kann in keinem Falle nütz-
lich seyn. Und, was für eine schöne Anlage ist
nicht jene Zartheit und Reinheit des Gefühls
für Schönheit der Gesichtsbildungen? Wie genau hängt sie zusammen mit der Bestimmung
des Weibes und seinem Verhältnisse zum andern
Geschlechte? Wie innig verwandt ist sie mit dem
moralischen Gefühle selbst?

Fürchte man nicht, daß die sittliche Güte
des Mädchens unter der Ausbildung derselben
leide, daß der Geschmack auf Kosten des Herzens
gewinne. Je reiner und zarter eine weibliche
Seele das wahre Schöne auffaßt, um so lautrer
wird auch ihr moralisches Gefühl seyn, wenn
ihm nur sonst keine Hindernisse entgegen stehen.
Nie ist noch ein junges Frauenzimmer durch
Läuterung seines Geschmacks verführt worden;

aber viele haben dadurch eine Delicateſſe gewonnen, die ſie vor den Lockungen der Wolluſt
ſchützte. Laſſe man ſie denn immer die Anti-
nous, Ganymedes und Apollos der Vorwelt
ſtudieren, die Schönheit ſelbſt wird die Beſchütze-
rin ihrer Unſchuld ſeyn.

Ich kehre nach der Episode des vorigen Ab=
schnittes zu dem Hauptgegenstande zurück.

— Mann und Weib sind nach Körper und Geist
auf einander berechnet, um in der innigsten, edel=
sten Gemeinschaft die Gattung fortzupflanzen.
Auf der einen Seite erscheinen sie als gesonderte
Individuen, auf der andern, als ein Wesen, in
welchem zwey Personen geeint sind. Der Körper
des Mannes entspricht dem Körper des Weibes,
so daß man von dem des einen, nur durch Be=
ziehung auf den des andern, eine vollständige Idee
bekommt. Derselbe Fall ist es mit den eigen=
thümlichen geistigen Anlagen und Kräften

beyder; sie sind, für sich und isolirt betrachtet,
unbegreiflich, vollkommen evident, wenn man sie
zusammen hält, und als ein Ganzes betrachtet,
dessen Theile in einander zu einem Zwecke passen
sollen. Betrachtet der Mann sich allein, so fragt
er, warum bin ich der Starke in der Schöpfung,
warum besitz' ich den hohen, weitaussehenden
Geist? Warum bin ich der standhafte Bekämpfer
drohender Gefahren? Warum ward mir dieß
unerschrockene in tausend Fällen unerweichliche
Herz? Und betrachtet das Weib sich im einzelnen: so fragt sie: warum mußt' ich das schwä-
chere Wesen werden, warum mir diese zarten
Nerven, und diese für Thränen gleichsam geweb-
ten Augen? Warum mir dieser sanfte Drang
nach Liebe, die immer sucht, und nie genug findet? Die Räthsel lösen sich, wenn sie sich finden
und erkennen, wenn sie fühlen, daß sie Eins seyn
sollen, und die Ordnung der Natur und der
Gottheit verstehen.

Und dieß geschieht ohne ihr Zuthun, gleichsam in einem leichten Traume.

„Gott der Herr ließ einen tiefen
„Schlaf fallen auf den Menschen,
„und er entschlief. Und nahm sei=
„ner Ribben eine und schloß die
„Stätte zu mit Fleisch. Und Gott
„der Herr bauete ein Weib aus der
„Ribbe, die er von dem Menschen
„nahm, und brachte sie zu ihm. —
„Da sprach der Mensch: das ist doch
„Bein von meinen Beinen, und
„Fleisch von meinem Fleisch. Man
„wird sie Männin heißen, darum,
„daß sie vom Manne genommen
„ist. Darum wird ein Mann sei=
„nen Vater und seine Mutter
„verlassen, und an seinem Weibe
„hangen, und sie werden seyn ein
„Fleisch. Und sie waren Beyde

„nackend, der Mensch und sein
„Weib; und schämten sich nicht."

Wer versteht nicht sogleich den Sinn dieser
ehrwürdigen Erzählnng. Kann man die Wahr=
heit, daß Mann und Weib an Körper und Seele
einander gegenseitig entsprechen, für einander da,
und mit einander Eins sind, kann man sie schöner
versinulicht vorstellen, als wenn man aus des
Mannes Fleische das Weib hervorgehen läßt?
Und kann man die instinktartige Anerkennung der
Geschlechter, und das wunderbare Wirken der Ge=
schlechtssympathie rühender ausdrücken, als es
hier geschieht? Dem schlafenden Urmen=
schen schafft die Gottheit aus seinem
eignen Wesen seine Gehülfin, d. h. die
Sache des Geschlechts ist ein tiefes Geheim=
niß, ein uns verborgnes Werk der Gottheit;
Gott führt sie ihm selbst zu, er er=
wacht, und erkennt sie, d. h. unbegreifliche
Bande führen Mann und Weib einander entgegen,

es ist gleichsam ein Erwachen von tiefem Schlafe, wenn ohne Schlüsse, durch eine Offenbarung, für deren Nennung die Sprache zu arm ist, der Mann das Weib als die Seine fühlt, und mit diesem Gefühle zugleich auch die Pflicht ewiger Treue fühlt. Sie waren nackend und schämten sich nicht; fühlten, daß sie eines dem andern zugehörten, so hatten die Unschuldigen unter sich keine Verborgenheit. — —

Die Weltweisen sprechen so viel von ange=bohrnen Begriffen; mich befremdet, daß keiner je von einem, der Seele des Mannes angebohrnem Begriffe des Weibes, und einem der Seele des Weibes angebohrnem Begriffe des Mannes sprach, keiner von einem, beyden gleich angebohrnem Be=griffe einer innigen, genußvollen Gemeinschaft. Dichter haben darauf hingedeutet, und vielleicht darin nicht gedichtet. Ob sich wohl die Deutschen noch des ersten Schiffers vom unsterblichen Geßner

erinnern. Ich wage es darauf, von manchem be=
lacht zu werden, und bediene mich einer Scene
daraus, die man vormals für eins der ersten
Stücke aller klaffischen Dichter hielt.

Einsam und abgeschieden von der ganzen
übrigen Menschenwelt ist auf einer wüsten Insel,
Meliba an der Seite ihrer Mutter aufgewachsen;
sie weiß nichts von Menschen außer ihnen, nichts
von einem andern Geschlechte, die besorgte Mut=
ter verbirgt ihr das traurige Geheimniß ihres
Schicksals und die Bestimmung ihres Geschlechts.
Aber was die besorgte Mutter verbirgt, offenbart
in starkem Verlangen und rührenden, obwohl nur
dämmernden Ahndungen dem Mädchen die Natur
selbst. Sie sieht rings umher die Geschöpfe sich
mehren,

„Warum bleiben wir zwey, fragt
sie; „immer nur zwey?“

Sie bemerkt das Nisten der Vögel, und findet
die Jungen in den Nestern.

160

„O, wenn ich einmahl, seufzt sie: so
„kleine Menschen fände, die auf
„die oder irgend eine andre Art
„entstanden oder ausgebrütet wä-
„ren! Götter, wie wollt’ ich sie
„pflegen, wie wollt’ ich sie lie-
„ben!“

Mit schwärmerischem Hinstaunen sieht sie die
geselligen Spiele der Thiergeschlechter,

„Wenn unsrer mehrere wären,
ruft sie der Mutter zu: wie entzük-
„kend würd’ es seyn, wenn wir
„mit vereinten Kräften uns be-
„mühen würden, dich zu erfreuen.
„Ach, wenn auch nur Eins, nur
„Eins noch wäre! Jemand, der
„jede meiner kleinen Freuden mit
„mir theilte, der immer an mei-
„ner Seite wäre, der — — Ach!

„es ist – – Mein Herz liebt dich
„über alles, aber es ist, als wenn
„noch mehr Liebe da wäre, Liebe
„für etwas, das ich nicht finde
„und nicht kenne."

Hat der große Mahler der Natur hier wahr
gezeichnet, oder täuscht er uns durch Züge, die
ihm nur seine exaltirte Phantasie eingab? Wir
dürfen nur auf das Wesen des Mannes und
Weibes nach ihrer ursprünglichen Anlage zurückgeben, um über die Wahrheit jenes ganzen Ge-
mähldes, aus welchem die Züge entlehnt sind,
keines Zweifels mehr fähig zu seyn.

Ist die ganze Geschlechtsordnung unter den
Menschen auf Fortpflanzung der Gattung durch
Gemeinschaft angelegt, ist die Natur des Man-
nes auf die Natur des Weibes, und die des
Weibes auf jene des Mannes berechnet, so muß
mit der Entwickelung der männlichen Kräfte,

die Vorstellung von einem Etwas*) erwachen,
deſſen der Mann bedarf, weil ſeine ganze Natur
ſich darauf bezieht, und auf gleiche Weiſe muß
mit der Entfaltung der weiblichen Anlagen, die
Vorſtellung eines Etwas hervorgehen, deſſen das
Weib bedarf, und worauf ihre ganze Natur ge=
richtet iſt. Leiſe und dunkel nur regt ſich natür=
lich anfangs dieſe Vorſtellung in der Seele des
Mannes und des Weibes, aber ſie dämmert all=
mählig mit den reifenden Trieben auf. Eine
wunderbare, in ihrer Art einzige Vorſtellung;

---

*) Ich bin nichts weniger, als ein Verſchwender
von dunkeln Vorſtellungen; allein in dem gegenwärti=
gen Falle, in der Erforſchung der Möglichkeit der an=
ziehenden Kraft der Geſchlechter kommt man ohne ſie
nicht aus. Wer ſich davon nicht überzeugen kann,
der denke ſich das allererſte Paar, welches der Ge=
ſchlechtstrieb an einander zog, und verſuche ſich es zu
erklären.

dem Scheine nach völlig leer und unbestimmt,
und doch in der That inhaltreich, in ihren Wir=
kungen unverkennbar. So viel ist gewiß, daß
sie in ihrer höchsten Aufklärung ein menschliches
Wesen ausdrückt, an Leib und Geist zweckmäßig
gebildet, um durch irgend eine Art inniger Ver=
einigung dem entgegenstrebenden Triebe des an=
dern volle Gnüge zu leisten.

Dieser Trieb ist aber nicht bloß thierisch, er
ist thierisch=sittlich. Das Wesen sehnt sich nach
einem Mitwesen, welches zugleich gewisse körper=
liche Reize, die sich in 'ihm regen, stille, und
zugleich seinem Verlangen nach der innigsten
Gemeinschaft der Geister und Herzen genug thue.
Zahllose Ahndungen begleiten diese Sehnsucht,
Ahndungen, die das Wesen sich selbst nicht klar
entwickeln kann, die aber eben deßwegen seine
ganze Seele mit Wollust und Wehmuth erfüllen,
weil das geheimnißvolle Dunkel, welches sie um=
ringt, auf eine wahrhaft zauberische Weise das

Spiel der Phantasie weckt. Mit rührender Wahr=
heit drückt Geßner diese Stimmung aus:
Mein Herz, sagt Melida zu ihrer Mutter,
liebt dich über alles, aber es ist, als
wenn noch mehr Liebe da wäre, Liebe
für etwas, das ich nicht finde und nicht
kenne.

So dunkel diese Sehnsucht, und so dunkel
alle damit verknüpften Ahndungen, so sind sie es
dennoch, welche die Geschlechter an einander zie=
hen, und es vermitteln, daß der Mann das Weib
und das Weib den Mann anerkennt, daß das
Eine die Fülle seiner Glückseligkeit in dem andern
sucht. Melida erblickt den Jüngling, den die
Götter der Verlaßnen zum Retter senden, eine
nie gesehene, ihren Augen fremde Gestalt; ihren
Augen fremd, aber nicht ihrem Herzen; sie
steht unbewegt, ihre Blicke gefesselt an die will=
kommne Erscheinung; jetzt spricht sie: O, die
Götter haben meine Wünsche erhört,

diese schöne Gestalt haben sie mir zur Gesellschaft geschaffen.

In einem natürlichen Zustande der Mensch=
heit würde dieses schöne Moment der Erkennung
aus dem Innern jedes Jünglings und Mäd=
chens selbst hervorgehen. Irgend einmahl
würde sich in ihm zuerst, aus eigner Kraft das
Urtheil erheben, daß die Geschlechter für einander
da sind, um in Gemeinschaft für die Fortdauer
der Gattung zu arbeiten; sie würden mit Meliba
sagen: Eine von diesen schönen Gestal=
ten haben die Götter mir zur Gesell=
schaft geschaffen. Allein unsere Jugend
kommt der Natur zuvor; ehe die Stimme dieser
sich im Innern erheben kann, haben dem unzeiti=
gen Wesen schon tausend Stimmen von außen die
Sache des Geschlechts offenbart, und ein Geheim=
niß profanirt, dessen Kundmachung sich die Natur
selbst vorbehalten hatte. Wie viel verliert nicht
die Menschheit dadurch! Wie viel Scenen stiller

Entzückung gehen für Jüngling und Mädchen ver-
lohren! — Es giebt keine Jugend mehr, möchte
man seufzen, ihre köstlichsten Reize sind ver-
schwunden, man hat Mittel gefunden, ihre Seele
zu tödten. — Oder schwärm' ich vielleicht, nenne
Hirngespinste Natur? — Nein, es war eine Zeit,
wo sich in dem Menschen die Gefühle der Liebe
allmählig entwickelten, wie die Röthe des Mor-
gens aus dem Dunkel der Nacht. Der erste
Schimmer war jenes selige Moment, wo das
Herz zum erstenmahle ein andres Herz du
nannte, wo es sich selbst sagte, daß es nicht allein
sey, daß es auch an der Kette halte, die die Geschlechter mit süßem Zwange verbinden. Was
damals freye stille Gefühle dem Herzen offenbar-
ten, ist jetzt eine nackte Alltagsgeschichte worden,
von welcher die Buben der Gasse plaudern. —

Es ist keine leichte Frage: wo die Periode an-
gehe, in welcher der Mensch der Liebe fähig wird.
Mir scheint, man setze den Anfang nicht zu früh,
wenn man ihn in dem Zeitpunkte annimmt, wo-
der veredelte Geschlechtstrieb seinen Gegenstand
anerkennt, und lebhaft bestrebt ist, durch innige
Gemeinschaft sein Bedürfniß körperlich und gei=
stig zu befriedigen. Im ersten Aufglimmen wirkt
sie in dunkeln Ideen, das Wesen kann sich selbst
nicht Rechenschaft über seinen Zustand geben, es
genießt ihn wie im Traume.

Liebe des Geschlechts ist das Verlangen,
sich mit einem Wesen des andern Geschlechts zu
dem Zwecke einer der Menschheit würdigen Befriedigung des Geschlechtstriebes körperlich und
geistig zu vereinigen. Das Physische der Liebe
ist sich bey Mann und Weib im Allgemeinen gleich; das Geistige der Liebe ist sich, den
moralischen Prinzipien und dem Zwecke für die
Menschheit nach, ebenfalls gleich, aber gar sehr
verschieden in Rücksicht auf die Gefühle, Bestrebungen, Gesinnungen und Handlungen, welche
jenen Prinzipien und jenem Zwecke gemäß, in
der Seele des Mannes und des Weibes hervorgehen, verschieden in Rücksicht der aesthetischen
Beurtheilung des Gegenstandes der Liebe, *)

---

*) Die Urtheile des Mannes über die Wohlgestalt
des Weibes hängen außer den allgemeinen Prinzipien
des Geschmacks von der Idee der Bestimmung des

verschieden endlich in Rücksicht des Spiels der
Einbildungskraft, zu welchem das Wesen durch
seine Neigung bestimmt wird.*) Diese Ver=
schiedenheit zeigt sich schon bey dem ersten Be-
ginnen der erwachenden Liebe des Mannes und
des Weibes. Mann und Weib, beyde verlangen,

Weibes ab, so wie gegenseitig die der Frauen über
Wohlgestalt der Männer, von der Idee ihrer Bestimmung.

*) Diese Verschiedenheit hängt ab: 1) im Allge-
meinen von den besondern Eigenthümlichkeiten der
Phantasie jedes Geschlechts; 2) von der besondern Bestimmung eines jeden, in Beziehung auf den Geschlechtstrieb, und die Fortpflanzung der Gattung. Die
Phantasie des Mannes ist feuriger, die des Weibes
sanfter. Der Mann schwärmt sich die künftige Gattin
in der Mitte lieber Kinder, das Weib bildet sich den
Mann etwa in Situationen, wo er alles aufopfert,
um sie zu schützen.

ſtreben, und fühlen während dieſes Zeitpunktes
gleichſam in Dämmerung, aber ein andres Dun=
kel umhüllt die Seele des Mannes, ein andres
die des Weibes. Der Mann verliert ſich in ge=
wiſſen eignen Ahndungen, das Weib desgleichen,
dem Manne lichten ſich allmählich gewiſſe eigne
Anſichten und Ausſichten auf, nicht minder dem
Weibe.

Je vollkommner Mann und Weib die eigen=
thümlichen körperlichen und geiſtigen Anlagen
ihres Geſchlechts beſitzen, um ſo mehr ſind ſie
der Liebe fähig,*) und jemehr die Individuen
eines Geſchlechts ihre Ideen von dem phyſiſchen
und geiſtigen Charakter des andern Geſchlechts
entwickeln, vervollſtändigen und beleben, um ſo

---

*) Je mehr der Mann M a n n iſt, um ſo mehr
Liebe zum Weibe. Je mehr das Weib W e i b iſt,
um ſo mehr Liebe zum Manne.

stärker und und dringender wird ihr Verlangen nach der innigsten körperlichen und geistigen Vereinigung. Das Physische der Liebe bedarf freylich an und für sich allein keiner besondern Verdeutlichung der sich darauf beziehenden Begriffe, aber unleugbar das Geistige und besonders das moralische der Liebe. Ich möchte sagen, es sey der wahren Liebe, dem sittlich veredelten Geschlechtstriebe eigen, daß die physischen Begriffe von der Befriedigung dieses Triebes in dem Maaße in Schatten zurück treten, als sich die sittlichen Ideen in der Seele des Liebenden zur Klarheit erheben.*)

Die ächte Liebe ist mit der Wollust eben so wenig zu verwechseln, als mit der Freund=

---

*) Ich kann nicht leugnen, daß ich an eine Liebe zwischen beyden Geschlechtern glaube, bey welcher jede physische Rücksicht verschwindet.

ſchaft gegen das andre Geſchlecht. — Die
Wolluſt macht das Phyſiſche des Geſchlechtstriebes allein herrſchend, und verſenkt die mora-
liſchen Beziehungen in Schatten, oder unterdrückt ſie ganz. Die Freundſchaft iſt von
dem Phyſiſchen des Geſchlechtstriebes ganz un-
abhängig, und beſteht im Verlangen nach der
ſittlichen Vereinigung, und dem Genuſſe derſelben.

Wenn in dem über die geiſtigen Anlagen
des andern Geſchlechts aufgeklärtem Menſchen
die Liebe herrſcht, ſo verlangt er nach einem
Weſen von dieſem Geſchlechte, welches die ihm
eigenthümlichen Tugenden in ſich vereinige; der
Mann nach einem Weibe, ausgeſtattet mit allen
edlen und ſchönen Gaben, welche die Natur ihrem Geſchlechte verlieh, das Weib nach einem
Manne, in welchem ſich jeder Keim ächter männlicher Treflichkeit zu liebenswürdiger Blüte ent-

wickelt hat. Dieses Verlangen bezieht sich nicht
auf einen flüchtigen, sondern auf einen dauern=
den Genuß, nicht auf eine oberflächliche, son=
dern auf die innigste mögliche Gemeinschaft.
Beyde Individuen der entgegengesetzten Ge=
schlechter wollen einander geistig durchdringen,
streben sich eines in dem lebendigen Gefühle der
Vollkommenheiten des Andern zu verlieren, und
im gegenseitigen Genusse ihrer Treflichkeit gleich=
sam zu verschmelzen. Sie wollen Eins werden,
Eins, wie es nur immer Menschen durch das
Feuer jenes Mitgefühls werden können, welches
die unsichtbare geistige Vermählung der Ge=
schlechter vermittelt.

Die männliche und weibliche Vollkommen=
heit erscheint in den einzelnen Individuen auf
unendlich mannigfaltige Weise entwickelt und
ausgedrückt. Das Individuum sieht mit frohem
Staunen in dem unermeßlichen Schauplatze der

Schöpfungen der Natur umher, und während es
sich in der Betrachtung dieses Reichthums an
allen Formen sittlicher Güte und Liebenswürdigkeit unter den Geschlechtern verliert, bemächtigt
sich seines Herzens die Ahndung, es möge auch
wohl ein Wesen des andern Geschlechts geben,
ganz so geschaffen, um mit ihm in die innigste
Harmonie treten zu können. Die Vernunft unterstützt diese Ahndung, indem sie es als ein
Erforderniß einer zweckmäßigen Welt darstellt,
daß die Individuen eines Geschlechts, Individuen
des andern treffen, mit denen sie sich zu jener
innigen Gemeinschaft verbinden können, welche
das feurigste Verlangen des Menschen in der
Blüte des Lebens ausmacht. Die Phantasie
versäumt nicht, der Vernunft mit einem reizenden Gemählde entgegen zu kommen; dem ent-
zückten Jünglinge schwebt das Bild seiner künftigen Geliebten vor, und mit süßer Schwärmerey
sieht das Mädchen ihren künftigen Liebling.

Mann und Weib besitzen, wenn ihre Ideen
über die physischen und sittlichen Verhältnisse der
Geschlechter entwickelt und aufgeklärt sind, ge=
doppelte Ideale von dem andern Geschlechte:
ein allgemeines und ein individuelles; das allge=
meine stellt das vollkommenste mögliche Wesen
des andern Geschlechts überhaupt vor; das indi=
viduelle dasjenige, welches für das bestimmte
Individuum zum Genusse der Liebe das voll=
kommenste mögliche ist.

Bey beyden Idealen sind die Vorstellungen
von der moralischen Trefflichkeit überhaupt, und
der moralischen Harmonie der Charaktere, die
hellsten und herrschenden Züge; allein die bil=
dende Phantasie und der Geschmack geben ihre
Rechte auch nicht auf, nur daß sie sich mit der
Vernunft einzuverstehen wissen, und die Ideale
in Formen erscheinen, in denen sich das Sitt=
liche auf liebenswürdige Weise ausdrückt. Der

Philosoph begegnet hier mit seinen ernsten Er=
forschungen den reizenden Gemählden gefühlvol=
ler Dichter, welche über diesen Gegenstand fan=
gen, und findet seine Wahrheiten in den geist=
reichen Formen und dem feurigen Colorit ihrer
Phantasie verherrlicht wieder.

Wenn ein Individuum dasjenige Wesen des
andern Geschlechtes trift, welches seinem beson=
dern Ideale entspricht, so beschränkt sich nun seine
allgemeine Geschlechtsliebe auf die Liebe zu diesem
einzigen. Es sucht sich ihm immer näher und
näher zu bringen, es auf das innigste kennen zu
lernen, sich ihm gefällig zu machen, es von sei=
nen guten und edeln Seiten zu überzeugen, und
mit seiner Achtung und Gegenliebe das ihm un=
schätzbare Loos der innigsten Vereinigung zu ver=
dienen. Es leistet nun Verzicht auf alle andre
Wesen desselben Geschlechts, und erwartet mit
Zuversicht und brennender Sehnsucht die Fülle

M

seiner Befriedigung. Dieß ist der Zustand der Verliebtheit; *) ein Zustand, der den Menschen so wenig entehrt, daß er vielmehr selbst im Plane der Natur liegt.

Der Zustand wahrer Verliebtheit zielt geradezu auf Ehe; denn nur in dieser Verbindung kann der Geschlechtstrieb, vollkommen gemäß der Bestimmung und Würde der menschlichen Natur befriedigt werden, nur in ihr kann der Mensch jene Freuden rein und sicher genießen, welche mit der Veredlung jenes Triebes durch die Natur verknüpft sind.

---

*) Es hängt dem Austrucke verliebt so wie dem Französischen amoureux etwas Lächerliches an. Dieß ist ganz falsch, da die wahre Verliebtheit, als fixirte Liebe, eine sehr würdige Leidenschaft ist. Es fehlt ja auch nicht an Wörtern, um unedle Gluten zu bezeichnen, z. B. etre coeffé, bernarrt seyn u. s. a.

Welche Gründe man immer gegen die Na=
türlichkeit der Ehe anführe, und wie sehr sie sich
auch dem Leichtsinne und einer üppigen Leiden=
schaft empfehlen, sie sind verächtliche Sophisie=
reyen, der Mensch müßte sich vor ihm selbst ver=
bergen, wenn sie wahr wären. Sie könnten es
nämlich nur in sofern seyn, als der Mensch
keine höhere Bestimmung als die vernunftlosen
Thiere hätte, keiner an sich edeln und würdigen
Gesinnung fähig wäre. Nicht der Staat, nicht
die Kirche haben diese Verbindung eingesetzt, sie
ist eine Stiftung der Natur selbst, Mann und
Weib sind aus ihren schaffenden Händen gegan=
gen, gebildet zu einer Gemeinschaft von dieser
Innigkeit und dieser Dauer, ohne sie würden
Mann und Weib räthselhafte widersinnige Ge=
schöpfe seyn.

Man hat so viele Erklärungen der Mora=
listen über die Ehe, die von einander abweichen;
gewiß würde man ihrer wenigere und weniger

widersprechende haben, wenn diejenigen, die über
die Ehe philosophirten, sich an moralischer Cul=
tur gleich gewesen wären. Denn hier hat in der
That die Sittlichkeit Einfluß auf System und
Lehrmeynungen. Die Naturrechtslehrer würden
sich ebenfalls weniger gequält haben, um aus
einer Menge von möglichen Begriffen der Ehe
den wahren auszufinden, wenn sie bedacht hät=
ten, daß im Naturrechte von eigentlicher Ehe
gar nicht die Rede ist, und daß der bloß recht=
lich handelnde Mensch seinen Geschlechtstrieb
befriedigen kann, wie er will, und nur durch
die Rechte seiner Mitmenschen beschränkt ist.

Niemand wird sich zu dem richtigen Be=
griffe der Ehe erheben können, welcher nicht von
dem Gedanken der großen Pflichten beseelt ist,
welche dem Menschen in Hinsicht seines Ge=
schlechtstriebes zur Fortpflanzung seiner Gattung
obliegen. Wer sich aber über die Vorurtheile

des Volks und der von der Sinnlichkeit herrüh-
renden niedrigen Satzungen thierischer Menschen
zu jenem Gesichtspunkte empor geschwungen hat,
der wird über seine Mitmenschen trauern, daß
sie oft so unsicher und zweifelhaft nach einem
Begriffe tappen, den die Natur in ihr Herz gelegt hat. Ehe ist die vollkommenste und
des Menschen würdigste Art der Befriedigung des Geschlechtstriebes in
physischer und moralischer Hinsicht.
Diese Erklärung bestimmt, scheint mir, das
Wesen der wahren Ehe so genau, daß man sie
nur zu verstehen braucht, um gar nicht weiter
zu fragen, ob sie wahr oder falsch sey. Die sittliche Vernunft gebiethet: Menschen, befriedigt euern Trieb durchaus so, daß eure
Befriedigung zusammen treffe mit
eurer Bestimmung, daß die Cultur
und der Wohlstand des Menschengeschlechts dadurch so viel als möglich

befördert werde, daß keine eurer
Pflichten durch die Art, wie ihr eurem
Triebe Genüge leistet, verletzt werde,
vielmehr eure Tugend in jeder Beziehung dadurch gewinne. Ihr seyd
bestimmt, die moralische und physische
Gesundheit eurer Zeitgenossen und
eurer Nachkommenschaft zu erhalten
und noch zu erhöhen, ihr dürft also
euerm Triebe keine andre Richtung
geben, als eine solche, welche mit
jener Bestimmung am vollkommensten
harmonirt. — Wer wird leugnen, daß in
der That die Ehe nach der Form, wie sie in
unsern Staaten herrscht, jener Forderung der
Vernunft allein und ausschließlich Genüge leiste.
Ich würde am unrechten Orte zu weitläuftig
werden, wenn ich die Folgerungen ausführen
wollte, die sich aus jenem Gebothe der Vernunft ergeben: 1) daß die Ehe nur unter zwey

Perſonen verſchiedenen Geſchlechts geſchloſſen
werden dürfe; 2) daß in ihr ſchlechterdings ein
ausſchließender Beyſchlaf Statt ſinde; 3)
daß ihr Zweck kein andrer ſey, als Mitwirkung
zur Fortpflanzung der Menſchengattung auf die
würdigſte Weiſe; 4) daß darin auch ent-
halten ſey die Pflicht gegenſeitiger Hülfleiſtung
unter den Gatten und der möglichſt zweckmäßigen Erhaltung und Erziehung der Kinder; 5)
daß die Geſellſchaft der Gatten eine gleiche ſey;
6) daß ſie auf die ganze Dauer des Lebens gehe.
Von jedem dieſer Punkte läßt es ſich leicht zeigen, daß, wenn er wegfiele, die Ehe nicht die
vollkommenſte und würdigſte Art ſeyn könnte,
den Geſchlechtstrieb zu befriedigen.

Wenn ich ſage: wo Ehe iſt, da iſt häusliches Leben, ſo drücke ich mehr ein Geboth
der Moral, als eine Thatſache unſrer wirklichen
Welt aus, wo es tauſend Ehen ohne häus-

liches Leben für eine Ehe mit häusli=
chem Leben giebt.

Häusliches Leben ist das Wirken
und Leiden von Gatten und Kindern, *)
wiefern es vom Zwecke der Ehe ab=
hängt, oder doch nah damit zusammen=
hängt. Es befaßt aber alle Pflichten, die aus
der ehelichen Verbindung entspringen, die be=
sondre Art und Weise, wie man bestrebt ist,
ihnen Genüge zu leisten, die Mittel, welche
die Gatten für den Zweck ihrer Verbindung in
Händen haben müssen, die Glückseligkeit und
das Elend, welches darin Statt finden kann.
Sagt man, die meisten Ehen beynahe, sind ohne

---

*) Ein kinderloses Ehepaar befindet sich in keinem
häuslichen Leben, so wie überhaupt eine kinderlose
Ehe gar keine wahre Ehe, sondern nur eine freund=
schaftliche Gesellschaft ist.

alles häusliche Leben, so drückt man damit
aus, daß in den meisten der moralische Zweck ganz
übersehen wird; mithin die Pflichten, die denselben betreffen, vernachlässigt, die Mittel gar
nicht gesucht werden, durch welche allein der Zweck
zu erreichen ist; endlich, daß diejenigen Gefühle ganz wegfallen, welche nur allein durch
das Bewußtseyn entspringen können, man habe
den Zweck der Verbindung sittlich rein gefaßt und
übe die Pflichten, die den Zweck und die Mittel
betreffen, mit Gewissenhaftigkeit und Seelen-
stärke aus.

Die Fülle aller angenehmen Gefühle, welche
das häusliche Leben gewähren kann, ist die
häusliche Glückseligkeit. Sie zu mahlen ist Aufgabe für den Dichter. Ich begnüge mich hier
nur gleichsam die Grundverhältnisse und ihre
charakteristischen Züge in wahren und treffenden
Farben darzustellen.

N

Das Daseyn muß für jedes Menschenwesen an sich schon Werth haben, ohne alle
Rücksicht auf die angenehmen Gefühle, welche
damit verknüpft seyn können. Tief niederge-
bengt von den bittersten Leiden, muß es das
Bewußtseyn seiner selbst noch achten, und vor
dem Wunsche, lieber nicht gewesen zu seyn, als
vor einem Frevel zurückschaudern. Allein wenn
das Leben für uns Werth haben soll, so muß
mit diesem Daseyn ein Genuß wahrhaft edler
angenehmer Empfindungen verknüpft seyn, und
ein Leben ist glückselig, wenn der Mensch mit
dem Maaße solcher Gefühle, welches ihm wird,
zufrieden ist.

Die Zufriedenheit des Menschen hängt zugleich auch von seinem ihm eigenthümlichen
Charakter, von der individuellen Richtung und
Stimmung seiner Triebe ab. Eben deßhalb
läßt sich ein allgemeiner Maaßstab der irdischen

Glückseligkeit schwerlich geben, schwerlich der
höchste Grad von möglicher Gnüge für den
Menschen bestimmen. Doch dürfte ich kaum
glauben, Widerspruch zu finden, wenn ich be=
haupte, daß ein Mensch dann im höchsten Grade
irdisch glückselig ist, wenn er die Zwecke, die er
als sittliches und Naturwesen zugleich hat, in
Verknüpfung mit einer Summe angenehmer Ge=
fühle erreicht, von welcher er, nach seinem Be=
wußtseyn selbst zugestehen muß, daß sie seine
Würdigkeit übersteigt. Ueber diesen Grad hinaus
wäre ein Wunsch Verbrechen; wen der Adel
seiner Seele und die Güte der Natur zu ihm
erhoben hat, der kann im Tode der Erde und
dem Leben frohes Lebewohl sagen. Daß so we=
nige Menschen diesen Grad gewinnen, davon
liegt nur zu oft der Grund in ihrer übertriebe=
nen Schätzung ihres eigenen Werthes; denn die
Wenigsten wissen, welche innige Bande Demuth
und Glückseligkeit verknüpfen.

Mann und Weib erstreben in der Sphäre
ihrer ehelichen Gesellschaft einen und denselben
Zweck. Der Mann erstrebt ihn männlich, und
das Weib weiblich, während zugleich beyde
gegenseitig ihre Regungen und Gefühle mit-
empfinden.

Wenn sind sie denn nun glückselig? — Ich
möchte es kurz beantworten: sie sind es, wenn
jedes mit sich selbst, eins mit dem andern, und die Natur mit beyden Eins
ist. Täusche ich mich nicht, so liegen die Elemente aller häuslichen Glückseligkeit in diesen
Worten.

Jedes muß mit sich selbst eins seyn,
und dieß ist es, wenn es den Zweck der Natur
in der Anordnung der Geschlechter zu seinem
eignen macht, wenn alle seine Bestrebungen,
alle seine Gefühle auf jenen Zweck gerichtet

find. Wenn der Mann im vollen Sinne des Wortes Mann ist, und Mann für sein Weib, das Weib im vollen Sinne des Wortes Weib und Weib für ihren Mann, dann sind sie, was sie seyn sollen, in ihrem Innern keine Zwietracht, durchaus herrscht darin jenes süße Selbstgefühl, welches den Menschen begleitet, wenn er, treu der Natur, seiner Bestimmung als Mensch sich nähert.

Eins muß mit dem andern Eins seyn. Nicht genug, daß sie einen gemeinschaftlichen Zweck haben, ihre Charaktere müssen sich gegen einander harmonisch stimmen, die eigenthümliche Männlichkeit des Mannes muß mit der Weiblichkeit seiner Gattin zu einem schönen Ganzen zusammentreffen, das Herz keines von beyden muß ein Interesse für sich allein mehr haben, an keinem Gute für sich allein mehr hangen, die Leben beyder Herzen müssen einander entgegenschlagen, und unter dem sanften Feuer der Liebe und Sympathie gleichsam zu einem Gemeinleben verschmelzen, wo jedes Wesen sich, seiner selbst vergessend, dem Andern für immer hingiebt.

Die Natur muß aber auch mit beyden Eins seyn; sie muß ihnen die Güter nicht versagen, auf welche sich alle wahre Liebe zunächst bezieht, Güter, welche der Mensch weder erflehen noch erzwingen, sondern nur dankbar von ihrer freyen Gunst annehmen kann.

Das edelste dieser Güter machen Kinder aus; sie sind, was auch entartete Menschen sagen mögen, die Hauptpartie im Gemählde des häuslichen Lebens, und eine Ehe ohne Kinder ist ein bloßer Freundschaftsbund. Kinderlose, aber den natürlichen Empfindungen des menschlichen Herzens treu gebliebene Gatten

fühlen deßhalb ein Bedürfniß, Kinder zu sich
zu nehmen, und mit aller Wärme elterlicher
Liebe für sie zu sorgen. Das Glück, welches
ihnen die Natur versagte, ersetzen sie durch Il-
lusion. — (Menschen, welche in gleicher Situation keine Regung dieses Bedürfnisses fühlen,
sollten sich wenigstens dessen nie rühmen, wie
man so oft in der menschlichen Gesellschaft hören
muß. Sie bilden sich ein, Erhabenheit des
Charakters zu zeigen, indem sie sich mit Verzichtleistung auf natürliche Gefühle brüsten: allein genauer betrachtet zeigen sie eine sehr nie-
drige Unmenschlichkeit.)

Kalt und trocken ist alles, was die Speku-
lation über die Gefühle eines Vaters und einer
Mutter, in Beziehung auf ihre Kinder sagen
kann. Vergebens versucht die Philosophie ihre
zergliedernde Kraft an jenem Geheimnisse irrdi-
scher Seligkeit; sie ehrt die Natur in der That

beſſer, wenn ſie die Werkzeuge der ſtolzen
Vernunft demuthsvoll an ihrem Altare nieder:
legt.

Innigſt überzeugt davon, kann ich doch
Eines nicht zurückhalten, daß mir die Neigun:
gen und Gefühle der Eltern in Beziehung auf
ihre Kinder und ihre Schätzung des Glücks,
ſie zu beſitzen, von ſehr ungleichem Werthe
ſcheint, und daß nur Wenige dieſer Quelle rei:
ner und edler Glückſeligkeit vollen Genuß abzu:
gewinnen wiſſen.

Welcher Gedanke! Das Feuer der edelſten
Liebe iſt das Mittel, deſſen die ſchaffende Gott:
heit ſich bedient, um das Geſchlecht der Men:
ſchen fortzupflanzen. Geheimnißvolles Dunkel
umhüllt die Werkſtätte der Natur, kein Blick
hat noch das Werden ihrer Keime belauſcht.
Liebe beflügelt Mann und Weib zu ihrem Hei:
ligthume, die Kraft der Natur gehorcht ihrem

Feuer, und unter ihren Entzückungen läßt die
Allmacht ein neues Daseyn erwachen. —

Ist's möglich, daß Menschen einer solchen
Mitwirkung am großen Plane der Schöpfung
gewürdigt werden, ohne an den Unendlichen zu
denken; ist's möglich, daß Gott und Kinder in
ihrem Geiste getrennte Vorstellungen sind, mög=
, daß der Anblick dieser Lieben nicht Glau=
ben und Hoffnung in ihnen belebe? — Mir
scheint: Gatten, in denen ein reines, gefühl=
volles Herz schlägt, müßten von dem Momente
an, wo sie Eltern werden, von Zuversicht auf
Gott und Vorsehung dreyfach beseelt werden,
müßten bey der Fülle der seligsten Gefühle,
die dann in ihnen erwachen, sich die Erde nicht
mehr ohne den Himmel denken können. Und
für Gatten, sollt' ich meinen, deren Herzen die
Religion noch fremd war, müßte der erste Blick
des neugebohrnen Kindes, ein Beweis für das

Dafeyn Gottes feyn, vor welchem alle Zweifel
mit einem Mahle verstummten.

So viel ist gewiß, daß kein Menschenwesen
den vollen Genuß der elterlichen Freude errei=
chen wird, wenn es nicht diese Gesichtspunkte
faßt, so wie überhaupt alle häusliche Glückselig=
keit ohne Religion, nur ein angenehmer Selbst=
betrug ist.

Kinder vollenden erst die Innigkeit eines
ehelichen Bundes, und Gatten fühlen sich erst
dann als wahre Gatten, wenn sie Vater und
Mutter sind; dann erst sind sie wahrhaft und
für immer eins, denn in dem Herzen des Va=
ters schlägt auch das Herz der Mutter, und im
Herzen der Mutter auch das Herz des Vaters.
Ihre Wünsche und Gefühle vereinigen sich in
denselben Punkten, ihr Alles sind ihnen ihre
Kinder, in ihren Seelen herrscht ein gleiches
Interesse, gleiches Licht und gleiche Schatten,

gleiche Gruppen, gleiche Freuden und Leiden.
Darum auch, daß Trennung vor dem Tode ih=
nen unmöglich ist, daß es edlen Gatten leichter
wird, mit einander zu sterben, als einander zu
überleben. —

Nur mit wenigen schwachen Zügen habe ich
den Geist bezeichnet, der in einem ehelichen
Bunde herrschen muß. Aber eben sie sind es,
welche die Menschen noch immer so sehr ver=
kennen, welche, möchte man ahnden, Vielen
noch ganz fremd sind. — —

Jüngling, verweile bey jenen Zügen und
präge dir es tief ein, daß Gesundheit und
Stärke an Geist und Leib, die Elemente aller
wahren ehelichen Glückseligkeit sind. Nur durch
sie kannst du einst genießen, was, wenn du
edel bist, die schönste Hoffnung deines Lebens
ausmacht, kannst im kleinen Bezirke deines

Hauses an der Seite deiner Gattin, und im
Kreise deiner Kinder, der Schätze aller Welt
vergessen. Wache über deinen Geschlechtstrieb,
er gehört nicht deiner Sinnenlust, er gehört
der Menschheit an, für sie hat die Natur dir
ihn anvertraut. Giebst du ihn unedlen Flam=
men Preis, so läufst du Gefahr, deine An=
sprüche auf die schönsten Freuden für immer zu
verlieren, die die Natur dem Menschen bereitet
hat. Zittre dann vor der frühen Zerrüttung
deines Körpers, vor dem Hinwelken desselben
zu der Zeit, wo er blühen sollte, aber noch
mehr zittre vor der allmähligen Verunedlung
deines Herzens und der Ertödtung deiner schön=
sten Gefühle. Jenen Körper kannst du vielleicht
noch retten, wenn dein Laster mit der Kunst
einverstanden ist, aber wenn dieses zarte Herz
einmahl durch Wollust gesunken ist, die üppige
Glut niedriger Lüste die Blüten der edelsten
Keime verzehrt, deine Einbildungskraft im

Bunde diner schändlichen Leidenschaft steht, wenn
du im Weibe nur ein reizendes Spielwerk für
deine Begier suchest, kalt die Schönheit vor-
übergehst, die der Abglanz der Unschuld und
Güte ist, und mit wilden Flammen dich am
Anblicke jedes Geschöpfes weidest, welches dich
mit gleichem Feuer anlockt; dann wird schwerlich die Stimme der Weisheit deine Seele retten; fern von dir trauert dein guter Genius
über seinen Verirrten und verzweifelt an deiner
Rückkehr. Dein Gewissen wird vielleicht auf-
wachen, tiefe Reue wird dich zu bessern Vor-
sätzen erheben, aber zu spät; fest umschlingen
dich die Bande eingewurzelter Lüste, deine
mahlende Phantasie hat nur noch Kraft und
Farben für eine einzige schändliche Gattung,
und dein ganzes Herz wird von Gefühlen beherrscht, die dich anekeln, und die du doch
nicht vertilgen kannst. Dann wirst du Gatten
sehen, glücklich im Gefühl ihrer Liebe, und

198

wirst ihre freudigen Umarmungen gefühllos an-
starren; du wirst die süßen Nahmen: Vater
und Mutter hören, und dein Herz wird dir
nicht sagen was das heiße.

Druckfehler.

S. 16. Z. 7. v. o. Gefälligkeit l. Geschäftigkeit

S. 23. Z. 1. v. o. zu wachen l. über ihnen zu wachen

S. 179. Z. 1. v. u. ihnen l. ihrer

Leipzig,

gedruckt bey Johann Wilhelm Kramer.